죽기 전에
꼭 하고 싶은 것들 3

이 책을 소중한

_____님에게 선물합니다.

_____ 드림

죽을 때 후회하지 않을 진짜 인생을 사는 법

죽기 전에
꼭하고 싶은 것들3

김도사 기획 | 이미진 외 54인 지음

위닝북스

종이에 쓰는 순간, 기적이 일어난다!

사람이라면 누구나 버킷리스트 하나쯤은 가지고 있을 것이다. 그러나 그 버킷리스트를 실행하는 것은 평범한 삶 속에서 쉽지만은 않은 게 현실이다. 자신이 처한 상황에 따라 제약을 받기 때문이다. 아이의 엄마라는 제약, 한 가정을 책임져야 하는 가장이라는 제약, 나이가 많다는 제약 등 말이다.

그러나 이 책《죽기 전에 꼭 하고 싶은 것들 3》의 저자들은 평범한 삶 속에서 버킷리스트를 실행했다. 꿈을 이루기 위해 책이라는 도구에 자신만의 이야기를 기록으로 남긴 것이다. 종이에 쓰는 것과 그냥 생각에만 그치는 것은 엄청난 차이가 있다.

누구든 종이에 버킷리스트를 쓰면 아주 간절한 마음으로 기적이 일어나길 바라게 될 것이다. 그러다 보면 자신이 알지 못했던 열정이 서서히 삶을 바꾸게 될 것이다. 종이에 버킷리스트를 쓰는 순간, 기적이 일어나는 것이다. 어렵다고 하면 어려울 것이고, 쉽다고 하면 쉬운 일이다.

내가 꿈꿔 온 버킷리스트를 실행할까 말까 고민하기보다 용기를 내어 보자. 기회는 용기 있는 자에게 주어진다. 내 인생의 주인공은 나다. 내가 꿈꾸고 원하면 기적은 이루어진다. 자신감을 가지자. 누구보다 자신의 삶에 당당해지고 자신이 원하는 버킷리스트를 이루는 사람이 되자.

2019년 4월
이미진

CONTENTS

1 - 14

이미진 우기자
김가희 서승우
조순철 박지은
김우중 진화림
김주은 류지희
신의진 진대완
박정순 박수경

실패하지 않는
당당한 엄마의 모습 보여 주기

행복 육아 코치, 자기계발 작가, 동기부여가

생후 100일 때부터 아이를 어린이집에 보냈던 워킹맘이다. 엄마와 함께하는 시간이 부족한 아이를 위해 매일 쉬지 않고 놀이를 했다. 지금은 어딜 가도 잘 키웠다는 소리를 들을 정도로 아이는 티 없이 밝게 자랐다. 지금은 공부방에서 아이들을 가르치는 일을 하고 있다. 더 나아가서는 자신의 경험을 토대로 아픔이 있는 아이를 가진 부모에게 도움을 주고 싶다. 저서로는 《잔소리하는 엄마 화내는 아빠를 위한 육아법》이 있다.

나는 일곱 살 아이를 키우는 워킹맘이다. 2년 전 10년 동안 다니던 회사를 그만두었다. 사랑하는 사람도 그곳에서 만났다. 지금의 예쁜 아이도 그 회사에 다니면서 낳고 키웠다. 그런 만큼 나의 첫 회사는 나의 젊은 시절을 바친 나의 삶의 일부였다.

아이를 위해서도 나는 열심히 일하는 엄마의 모습을 보여 주는 것이 맞다고 생각했다. 신랑도 나의 의견을 존중해 주었다. 회사의 배려로 나는 계속 일할 수 있었다. 아이는 고맙게도 아픈 데 없이 잘 자라 주었다. 물론 울기도 많이 울었다. 분리불안의 문제도 있었다. 하지만 매일 퇴근 후 아이와 놀아 줘서인지 아이는 밝게 잘 자랐다. 오히려 아이가 커 갈수록 늦잠 자는 일이 많아지다 보니 내가 회사에 자주 지각하게 되었다. 누가 눈치를 준 건 아니었다. 그러나 아이에게 빨리 일어나라고 화내야 하는 내가 너무 싫었다. 그래서 나는 나의 첫 직장을 그만두기로 결심했다.

나는 나를 믿었다. 아이를 낳고도 회사생활에 충실했다. 집에 와서는 내 아이에게 최선을 다했다. 그랬기 때문에 나는 뭐든지 잘할 수 있다고 생각했다. 회사를 그만두어도 나의 자존감을 높일 수 있는 일을 할 수 있을 거라고 믿었다. 나는 내 아이를 돌보면서 시간의 자유를 누리며 경제적인 자유까지 얻을 수 있는 일을 찾기 시작했다.

회사를 그만두고 그렇게 2년을 방황했다. 나는 방황하는 나 자신이 너무 한심했다. 가족들과 주변 사람들에게 아무런 성과도 보여 주지 못하는 나 자신이 부끄러웠다. 누가 뭐라고 하는 것도 아닌데 조급하게 다른 뭔가를 찾게 되었다. 그러다 실패하고 또 실패했다. 그렇게 반복되는 나의 실패가 점점 두려워졌다. 아이가 컸을 때 아무것도 이루지 못한 엄마의 모습을 보면 아이가 뭐라고 할까? 나는 나에게 동기부여를 해 줄 필요가 있었다.

하지만 2년이란 시간 동안 좋은 결과를 내지 못한 만큼 얻은 것 또한 많았다. 사랑하는 내 아이에게 해 줄 수 있는 것이 물질적인 것만 있는 것은 아니었다. 아이와 함께하는 시간이 많다 보니 해 줄 수 있는 것이 많았다. 또한 그 시간은 나의 자존감은 떨어졌지만 평범한 삶이 아닌 성공자의 삶을 찾을 수 있는 계기가 되었다. 바로 책 쓰기다.

자기계발서를 찾아 읽는 시간이 많아지면서 성공자들의 삶을 알게 되었다. 평범하지만 나도 성공할 수 있다는 믿음이 생겼다. 성공자들은 대부분 책을 썼다. 성공해서 책을 쓴 것이 아니다. 책을 쓰고 자신을 알려 성공 시스템을 하나하나 만들어 간 것이다.

책을 쓰려면 잘하는 것이 있어야 하는데, '난 뭘 잘하지?' 생각해 봤다. 내가 서른네 살 인생에서 제일 잘한 것은 바로 우리 아이를 낳은 것이다. 맡길 곳이 없어 아이는 100일부터 어린이집을 가야 했다. 다행히 선생님들이 정말 좋아해 주셔서 아이는 사랑을 많이 받고 자랐다. 하지만 엄마의 사랑이 부족해서였을까? 집에서는 엄마만 찾는 엄마 껌딱지가 되었다. 분리불안이라는 아픈 과정도 거쳐야 했다.

아이의 아픈 마음을 달래 주고 싶었다. 그러기 위해 나는 회사에 다녀와서 아이에게 해 줄 수 있는 놀이란 놀이를 다 해 주었다. 밀가루 놀이, 두부 놀이, 요리 활동, 가베 활동 등 아이가 즐거워할 만한 일들은 치우는 번거로움이 있더라도 매일 꼭 해 주고 잠들게 했다.

그렇게 시간이 지나자 아이는 정말 많이 좋아졌다. 선생님들이 놀라워할 정도로 많이 바뀌었다.

나는 이런 나의 경험을 책으로 쓰고 싶다. 나처럼 아이의 마음을 치유해 주고 싶어 하는 엄마들에게 도움이 되고자 한다. 그리고 아이들의 마음을 치유해 줄 수 있는 놀이센터를 만들 것이다.

이제 나의 방황은 끝이다. 내가 진정 원하는 것이 무엇인지 찾았기 때문이다. 가족들과 사랑하는 나의 아이의 앞에 다시 멋진 모습으로 당당하게 설 것이다.

자산가가 되어
경제적 자유 얻기

**치매예방교육 전문 강사, 시니어교육 지도사, 인지활동 지도사, 핑거니팅 전문가, 〈시니어놀이터연구소〉 소장,
사회복지사, 자기계발 작가, 동기부여가**

노인시설의 시설장을 역임했고, 사회복지사, 치매예방교육 전문 강사로 보건소, 복지관, 경로당에서 프로그램을 진행했다. 또한 자기계발 작가, 동기부여가, 치매예방을 위한 〈시니어놀이터연구소〉 소장으로 활동하고 있다. 앞으로 강연과 코칭 등을 통해 치매예방 프로그램을 널리 보급해 치매 없는 노후로 국민의 삶의 질을 높이는 데 기여하고자 한다. 현재 '치매, 아는 만큼 길이 보인다'를 주제로 개인저서를 집필 중이다.

나는 죽기 전에 꼭 내 이름으로 된 책을 내고 싶다. 그렇게 나의 인지도를 높이고 나를 브랜딩해 치매예방 교육 전문가로서 강연할 것이다. 이는 우리나라 국민, 더 나아가 전 세계적으로 치매 환자를 줄이고자 하는 생각에서다.

노인시설에서 어르신들과 생활하면서 느낀 점이 많았다. 젊어서 자식들 키우며 치열하게 사셨을 텐데 노후에 질병에 걸리는 것이 너무도 안타까웠다. 부자유스러운 상황에서도 환자의 욕구는 개별적으로 다 다르다. 하지만 시설 여건으로는 그 욕구를 개별적으로 다 들어줄 수 없다.

그래서 책을 써서 전문가로 인정받고, 강연을 다니고 싶었다. 치

매예방의 중요성을, 좀 더 일찍 예방에 나서야 한다는 것을 알려야 겠다고 생각했다. 조금 더 일찍 치매에 대해 알게 된다면 본인은 물론이고 우리 부모들도 더 빨리 치매를 예방할 수 있기 때문이다.

현재 치매 치료제는 없다. 조기에 발견해 진행 속도를 늦추는 방법이 최선이라고 신경 전문가들은 이야기한다. 나는 치매예방 전문교육 강사가 되면서 치매에 대한 책과 보도 자료들을 많이 접하고 지식을 쌓았다. 그러면서 더 절실히 생각하게 된 것이 있다. 바로 40,50대부터 치매에 대해 알아 두어야 한다는 것이다. 그래야 나와 부모 모두의 노후 건강을 지켜 삶의 질을 높일 수 있다는 것이다. 그래서 내 이름으로 된 책을 써서 전문가로 인정받으려는 것이다. 그럼으로써 더 많은 곳에서 치매예방 교육을 하려는 것이다.

또한 나는 가족과 함께 크루즈 여행을 가고 싶다. 가족여행을 몇 번이나 갔을까. 아이들 어렸을 때 친정 식구들과 여름휴가 간 것 외에는 기억나는 게 별로 없다. 다소 지나치게 소박하고 성실하게 살아온 남편 탓에 제대로 누리는 삶을 살지 못했다는 생각이 든다. 남편은 어릴 때 아버님을 여의고 어머님 슬하에 일찍 가장이 되었다. 그런 만큼 동생들을 뒷바라지하면서 절약하며 살아왔다. 나는 성공해 이런 남편에게 여행 한번 시켜 주고 싶다.

남편은 항상 "먹고살 만하면 되는 것이다! 어려운 사람들이 얼마나 많은데 그 이상은 사치다."라고 말하곤 했다. 그 소리를 지긋

지긋하게 들어 온 만큼 "이제는 경제적 자유를 누려라. 가고 싶은 여행을 자유롭게 다니면서 주님이 주신 이 세상의 것들을 누리며 살아라!"라고 말해 주고 싶다. 우리 아이들에게도 희망을, 하면 된다는 것을, 될 때까지 하는 것이라는 것을 보여 주고 싶다. 지금의 나에게 만족하지 않으면 더 나은 내가 될 수 있다. 그렇게 꿈을 펼치라고 하고 싶다. 성공한 나 자신을 통해 그것을 보여 주고 싶어서 크루즈 여행을 꼭 해 보고 싶다.

그다음은 동기부여 강연가로 활동하고 싶다. 너무도 평범하게 살아온 내가 상고를 졸업하고 교회에 봉사하며 지금까지 놓지 않았던 것이 있다. 바로 예수님에 대한 믿음과 공부의 끈이다. 나는 8년간 직장생활을 했다. 그러다 결혼과 함께 그만두었다. 그렇게 시집살이하며 아이 둘을 키웠다. 그렇게 살다가 친정아버지가 돌아가시면서 신앙을 갖게 되었다. 교회에서도 직책을 맡아 책임감을 갖고 성실하게 일했다.

그러다 30대 중반에 컴퓨터 자격증을 따려고 공부를 시작했다. 하지만 마음처럼 암기가 안 돼 울기도 했다. 그러나 누가 시켜서 한 것이 아니었다. 때문에 내가 나 자신을 이겨 내야 했다. 그때의 공부로 인해 봉사활동이 더 활발해지기도 했다. 그러다 갑작스런 남편의 조기퇴직으로 직장생활을 다시 시작해야 했다. 나는 하나로 마트에 취직해서 아이들 등록금과 생활비를 벌었다.

나는 그 와중에도 자기계발의 끈을 놓지 않았다. 그때 사이버 대학에 등록해 공부한 것이 그나마 그 직장에서 버틸 수 있는 힘이 되어 주었다. 그러다 그곳을 그만두고 학위를 취득해 노인시설의 시설장으로 취직했다. 그곳에서 어르신들과 생활하면서 〈국제 치매예방협회〉의 치매예방 프로그램을 접하게 되었다. 나는 시니어 교육 지도사와 노인 두뇌 훈련 지도사 자격증을 취득했다. 그리고 지금은 치매예방교육 전문 강사로 활동하고 있다.

그러다가 내 이름으로 된 책을 써야겠다는 마음이 생겼다. 그러곤 책 쓰기 코칭을 해 주는 〈한국책쓰기1인창업코칭협회(이하 한책협)〉을 만나 내 이름으로 된 책을 내고 작가가 되었다.

나는 결국 작가가 되었다. 그리고 이제는 1인 창업가로, 강사로 활동하고 있다. 코치로도 활동할 것이다. 더 나아가 동기부여를 해 주는 강연가가 될 것이다. 그래서 많은 어려움 속에서 우울함을 가지고 사는 이들에게 희망의 메시지를 전하고 싶다. 할 수 있다고, 하면 된다고, 주님은 우리에게 감당할 수 있는 시련만 주신다고. 그렇게 말하고 싶다. 주님이 나에게 세상에 선한 영향력을 펼치라는 이런 소명을 주셨다는 생각이 든다. 나는 이 모든 것을 〈한책협〉을 통해서 이루었다.

마지막으로 내가 이루고 싶은 것은 경제적 자유다. 내 이름으로 된 건물을 가지고, 자산가가 되는 것이다. 그래서 내가 살아오면서 신세 졌던, 도움을 받았던 모든 분들에게 고마웠던 마음을 온전히 다 표현하고 싶다. 내가 하고 싶을 때 할 수 있는 일들이 더 많아질 수 있기 때문이다. 또한 나는 가족과 자유롭게 여행을 다니면서 치매예방교육과 동기부여 강연을 하고 싶다. 그래서 세상 살기가 힘들다고 하는 사람들에게 용기와 희망의 메시지를 전하며 경제적 자유를 얻어 원하는 것들을 하면서 살 것이다.

꿈과 사랑을 키워 나가는
〈꿈의씨앗학교〉 설립하기

1인 지식창업가, 상담사, 청소년 교육 기획자, 에세이·자기계발 작가, 동기부여가

에세이·자기계발 작가로, 사람들에게 용기와 희망의 메시지를 전하고 있다. 7년간 교단에서 수많은 청소년들을 가르치며 꿈과 희망을 전하는 삶을 살았다. 현재는 교육 기획자로서 일하고 있으며 개인저서를 집필하는 작가다. 앞으로 행복한 성공 시스템을 이루어 가는 1인 지식창조기업가로서 희망과 용기를 주는 메신저가 되기 위해 가슴 뛰는 삶을 살아가고 있다. 저서로는 《나는 행복하기로 선택했다》가 있다.

꿈이란 실현하고 싶은 희망이나 이상을 말한다. 나에게는 어린 시절부터 한 번도 흔들리지 않은 확고한 꿈이 있었다. 초등학생 때 나는 아이들에게 무관심하고 꿈을 전하지 않는 선생님들을 경험했다. 그 반작용인지 나는 아이들에게 사랑을 전하고 꿈을 심어 주는 멋진 '교사'가 되겠다는 꿈을 갖게 되었다.

이러한 나의 꿈을 매일 상상하며 교사가 되기 위해 노력했다. 그 결과 나는 지난 7년간 국제대안학교에서 아이들을 가르쳐 왔다. 나의 꿈과 비전을 전하기 위해 달려왔다. 아이들과 함께 꿈을 이야기했다. 그리고 그 꿈을 응원하고 진로로 이어질 수 있도록 돕는 멘토 역할을 했다. 매일매일 나의 삶은 풍요롭고 가치 있었다.

하지만 내 나이 서른 살, 모든 것이 만족스럽고 안정적일 것만 같던 내 삶 속에 거대한 폭풍우가 닥쳐왔다. 때로 인생에는 내가 아무리 계획하고, 노력해도 안 되는 일들이 있다. 그렇게 교통사고처럼 갑작스럽게, 예기치 못한 위기의 순간이 나에게 찾아왔다.

그때 나는 마음, 건강, 경제적인 모든 것을 잃게 되었다. 그동안 '교사'로서의 한길만을 꿈꾸며 최선을 다했지만 그마저도 내려놓아야 했다. 가도 가도 어둠의 터널은 끝나지 않을 것만 같았다. 그렇게 인생에서 가장 짙은 어둠의 터널을 마주했다. 하지만 그 어둠 속에 주저앉아 울고 있을 수만은 없었다. 나는 몸을 일으켜 세워 나에게 매일 주문을 걸었다.

'오늘 한 걸음만 더 내딛어 보자. 이 터널의 끝에는 눈부신 빛이 나를 기다리고 있을 거야.'

모든 것을 잃었을 때 오히려 내게 가장 큰 것이 남겨져 있다는 것을 깨달았다. 바로 나 자신을 향한 믿음, 곧 희망이었다. 어두운 현실에서도 나는 여전히 반짝이는 별을 보며 꿈꾸었다. 《꿈꾸는 다락방》의 저자 이지성은 말했다. "부의 격차보다 무서운 것은 꿈의 격차다. 불가능해 보이는 목표라 할지라도 그것을 꿈꾸고 상상하는 순간 이미 거기에 다가가 있는 셈이다."이라고. 나는 나의 미래는 내가 꿈꾸는 만큼 바꿀 수 있을 것이라 믿고 나아갔다. 나는 인생이 준 시련 앞에서 더욱 강하고 단단해졌다. 시련은 나의 무한한 가능성을 발견하게 해 주었다.

감사할 수 없는 하루하루였지만 나는 감사할 거리들을 찾았다. 그렇게 하루에 5개씩 감사하기로 했다. 또한 내가 서 있는 이 자리는 더 큰 것을 이루도록 해 주기 위한 하늘의 계획일 것이라 믿었다. 그러면서 앞으로 나아가야 할 구체적인 비전을 찾기 시작했다. 나는 책을 읽으며 이를 극복해 나갔다. 어려움을 극복하고 성공한 이들이 어떻게 지금의 성공과 행복을 누리게 되었는지 그들의 경험과 지혜를 배울 수 있었다.

로버트 기요사키의 《부자 아빠 가난한 아빠》에서 부자 아빠는 이렇게 말했다.

> "위대한 사람들은 위대한 꿈을 가지고 있고 평범한 사람들은 평범한 꿈을 가지고 있지. 만약 너 자신을 변화시키고 싶다면, 네 꿈의 크기를 바꾸는 일부터 시작하거라."

나는 그동안 나의 꿈의 크기를 스스로 제한해 왔다는 것을 깨달았다. 나는 항상 사랑을 전하고 사람들을 돕는 가치 있는 일을 하고 싶었다. 하지만 교실 밖을 벗어나는 더 큰 꿈을 꾸지는 못했다. 인생의 끝을 마주했을 때 나는 오히려 원대한 꿈을 꾸기로 결심했다.

비록 현실은 여전히 어려웠지만 나는 더욱 감사할 일들을 찾았다. 그렇게 간절히 꿈을 꾸기 시작하자 조금씩 나의 삶이 변하기 시작했다. 어느덧 나의 고통의 시간들은 내가 꿈꿀 이유, 더욱 열심히 살아야 할 이유들로 바뀌게 되었다.

나는 내가 극복해 온 모든 시련의 과정과 경험들을 온전히 녹여내고 싶었다. 그래서 나와 비슷한 이유로 혹은 또 다른 인생의 시련 앞에서 절망하고 포기하려는 이들의 희망과 기적이 되고 싶었다. 그런 꿈을 꾸게 되었다. 나는 이러한 나의 희망의 기록을 알리고 많은 사람들에게 위로와 영감을 주는 희망 메신저가 되고자 했다. 그렇게 작가가 되겠다고 결심했다.

나의 꿈은 작가에서 그치는 것이 아니다. 책을 써서 많은 이들에게 희망의 메시지를 전할 것이다. 그리고 결국 그들이 바로 서고 자신의 꿈을 찾고 인생을 개척해 나갈 수 있도록 돕는 일을 할 것이다. 또한 절망 가운데 무너진 가정들을 바로 세우는, 행복하고 건강한 가정을 위한 연구소를 설립할 것이다. 각 가정의 부모를 비롯한 자녀들의 상처를 보듬고 성장을 위한 교육과정을 개설하는 것. 행복한 가정을 리빌딩(rebuilding)하는 역할을 하는 것이 나의 꿈이다.

가까운 주변 그리고 전국적으로 나아가 세계 곳곳에서 많은 아이들이 교육의 혜택을 제대로 누리지 못하고 있다. 그런 환경에서 자라다 보니 꿈조차 갖지 못하고 살아가게 된다. 나는 죽기 전까지 세계 곳곳에서 가난, 질병, 한부모 가정 등으로 인해 상처받거나 좌절하는 아이들을 위한 〈꿈의씨앗학교〉를 설립하고자 한다. 모든 아이들이 희망을 갖고 꿈을 이룰 수 있도록. 그것이 내가 꼭 이루고 싶은 일이다.

〈꿈의씨앗학교〉에서는 아이만 교사에게 배우는 것이 아니다. 교사, 아이, 부모 모두 함께 꿈을 갖고 서로 배우는 협력적 문화를 만들어 가게 될 것이다. "교육은 그대의 머릿속에 씨앗을 심어 주는 것이 아니라 그대의 씨앗들이 자라나게 해 준다."라는 칼릴 지브란의 명언이 있다. 나는 그 명언처럼 각자가 가진 씨앗이 자라도록 자양분을 주는 학교를 설립할 것이다. 꿈으로 협력하는 학교 교육을 통해서 인종, 국가, 언어를 넘어 각 분야에 영향력을 끼치는 리더를 기를 것이다. 그렇게 다양한 유형의 혁신적이고 세계적인 리더를 성장시킬 수 있을 것이라 확신한다.

간절히 소망하면 그 꿈은 반드시 이루어진다. 나는 내 가슴이 시키는 대로 간절함을 가지고 가치 있는 일을 할 것이다. 그렇게 많은 이들을 돕는 메신저로 살아갈 것을 간절히 소망한다. 그리고 그 꿈이 반드시 이루어질 것이라 믿는다. 꿈은 꾸는 크기만큼 자란다. 끝까지 꿈을 믿고 나아가면 어느 순간 그 꿈이 현실의 기적을 만든다. 여러분과 내가 그 꿈을 기적으로 만드는 주인공이 될 수 있기를 간절히 바라고 응원한다.

가치기반 정보보호, 개인정보보호 기술 전도사 되기

ISMS-P 인증심사원, 개인정보보호 전문 강사, 정보처리기술 지도사, 기술 전도사

정보처리기술 지도사로, 한국법제연구원에서 정보보호를 총괄하면서 정보시스템감사통제협회(ISACA) 이사로 활동 중이다. 정보보호 및 IT기술 전도사로, 약 20여 종의 자격증을 보유하고 있다. 또한 책을 좋아하고, 정보보호를 전략적으로 관리하며 체계적으로 자동화하는 방법에 관심이 많다. 앞으로 많은 사람들이 정보보호와 개인정보보호를 이해해 스스로 정보를 보호할 수 있도록 도와주는 게 꿈이다.

나는 ICT 전문가다. 더 정확하게 말하면 정보보호와 개인정보보호 전문가다. 컴퓨터공학과를 졸업한 후 다양한 소프트웨어 개발과 프로젝트 경험을 거쳤다. 그러곤 지금은 정보보호와 개인정보보호 분야에 10년 이상 종사하고 있다.

현재 국내외의 다양한 관련 법제도를 연구하는 기관에서 근무하고 있다. 얼마 전에 모 연구위원으로부터 전화를 받았다. 이분은 국제변호사다. 평소 성격도 급하고 약간 산만한 편이다. 무언가 뜻대로 되지 않으면 이의 제기를 하는 유형이다. 그러면서 포기도 매우 빠르다. 그래서 대부분 문제가 발생했을 경우 전화를 걸어온다. 때문에 그 전화가 그리 반갑지만은 않았다. 그러나 전화 통화를 시작한 후 첫 질문부터 약간 당황스러웠다.

"선생님, 블록체인에 대해서 잘 아세요?"

"블록체인요?"

내가 알기로 그분은 블록체인에 대해 어느 정도 연구하셨다. 연구 보고서도 발간하신 전문가다. 그래서 뜬금없는 질문이라고 생각했다.

"네, 뭐 기본적인 개념과 기술은 이해하고 있습니다."

"블록체인에 대해서 이해하고 싶은데 좀 도와주세요."

처음에 전화 통화만으로는 이해가 되지 않았다. 하지만 이야기를 들어 보니 이해가 갔다. 그분은 영어로 된 다양한 해외 자료와 국내 도서 및 자료를 통해서 블록체인, 비트코인 등에 대해 많이 들어 보고 어느 정도 이해를 했다고 했다. 전문분야와 관련한 연구 보고서도 훑었다고 했다. 하지만 기술에 대한 이해가 높은 편은 아니었다. 또한 그런 연구 자료들은 추상적이고 두루뭉술했다. 특정 분야에 한정되어 단편적으로만 이해되었다. 그러다 보니 전체가 명쾌하게 이해되지 않는다는 것이었다.

그런데 며칠 후에 국내 모 전문가 집단에서 해외 전문가와 국내 전문가들 100여 명을 모아 이 분야에 대해 토론을 한다고 했다. 그러니만큼 보다 잘하고 싶고 좀 더 개념적으로 정확하게 이해하고 싶어서 도움을 요청했다고 했다.

모르는 부분을 인정하고 도움을 요청하는 그 모습이 참으로 보기 좋았다. 그래서 나는 기꺼이 업무 외 시간을 할애해서 설명해 주었다. 블록, 체인, P2P, 자료 무결성, 분산, 중앙 집중, 암호 알고리즘 등 기본적인 용어를 설명해 주었다. 그와 함께 블록체인에 대해 이해할 수 있는 수준으로 약 30분간 설명해 주었다.

종이에 그림을 그려 가며 설명해 주자 그분은 손뼉을 치면서 감탄했다. 지금껏 해외 자료나 논문, 국내 저서 등을 다 읽어도 이해되지 않거나 단편적으로만 와 닿았다고 했다. 그러던 것이 이제 머릿속에 그림이 그려지고 구조가 잡히는 것 같다고 했다. 이제는 블록체인에 대한 어떤 내용을 보더라도 이해할 수 있을 것 같다고 했다. 그러시면서 매우 고마워했다.

사실 나에게는 다른 사람들은 잘 모르는 재능이 한 가지 있다. 그건 바로 기술을 빨리 이해하고 그것을 주변 사물이나 상황에 비유해서 이해하기 쉽게 풀어 설명하는 것이다. 물론 모든 기술을 아주 깊이 있게 이해하는 것은 아니다. 그렇지만 그 기술의 핵심과 원리를 이해하고 그걸 나만의 언어로 풀어서 사물에 비유하거나 다른 상황에 빗대어 쉽게 설명해 준다.

이 능력은 학교 시험이나 자격증 시험 등 논술이나 서술형이 포함된, 이해가 필요한 시험에서 매우 도움이 된다.

나 역시도 처음부터 나에게 이러한 능력이 있다는 것을 안 것은 아니다. 내가 이 재능을 발견한 것은 일본 동경에서 자바 개발자로 근무할 때였다. 웹 디자이너, 개발자와 함께 프로젝트를 진행했다. 그런데 웹 디자이너가 개발자의 용어와 개발 환경이 이해되지 않는다고 지속적으로 불만을 제기하는 것이었다. 개발자는 개발자대로 설명을 해 줘도 웹 디자이너가 이해하지 못한다고 답답해했다. 웹 디자이너는 웹 디자이너 대로 설명을 들었지만 도대체 무슨 말을 하는지 이해할 수 없다고 했다.

그렇게 서로의 의견만 주장하면서 충돌이 일었다. 서로 평행선만 달리고 있었다. 나 역시 개발자지만 내가 봐도 개발자의 용어는 기본적인 지식이 없으면 일반인이 이해하기 힘들어 보였다. 그래서 약 1시간 정도를 할애해 곰곰이 생각했다. 그러곤 웹 디자이너가 알 수 있는 수준으로 일상적 상황과 도식화된 그림을 이용해서 설명해 주었다. 그러자 웹 디자이너는 감탄하면서 이제야 이해가 된다고 했다. 그러면서 많은 개발자와 일해 봤지만 처음으로 이렇게 이해가 잘되도록 설명해 주는 개발자를 만났다며 고마워했다. 탁월한 재능이라고 엄지를 추켜올리면서.

그때부터 나는 과연 내가 이런 능력을 가지고 있는지 의구심을 가지기 시작했다. 그리고 여러 사람을 통해 테스트하고 검증했다. 그 결과 다른 사람에 비해 내가 탁월한 능력을 가지고 있음을 인지하게 되었다.

'어떻게 이런 능력이 생겼을까?' 하고 곰곰이 생각해 본 적이 있다. '아마도 자라 온 어릴 때의 환경 때문이 아닐까?' 하는 생각이 든다.

어릴 때 우리 집안은 가난했다. 7형제의 둘째로 태어난 아버지는 가난해 10대 초부터 생활전선에 뛰어들어 일하셨다. 때문에 학교를 제대로 다니지 못하셨다. 당연히 많이 배우지 못하셨다. 시골에서 자란 어머니에게도 배움의 기회가 제공되지 않았다. 그런 두 분이 많지 않은 수입으로 누나와 나를 키우셨다. 한 달 벌어 한 달 먹고살기에도 빠듯한 살림이었다. 유치원을 가거나, 책을 사거나, 학원을 간다는 건 사치여서 꿈도 꿀 수 없었다.

그래서 나는 교과서만을 가지고 공부했다. 당시에 참고서로는 전과가 유일했다. 나는 누나에게서 물려받거나 동네 형에게서 얻은 전과로 공부했다. 유일하게 책을 살 수 있는 기회는 방학이 끝날 무렵 방학 숙제로 독후감을 써야 할 때뿐이었다. 그것도 딱 1권만 살 수 있었다. 그마저도 고학년부터였기 때문에 초등학교 때 구매했던 책은 3권이 전부였다.

나는 세계명작이나 위인전 등 흔히 그 나이대에 읽는 책을 읽어 보지 못했다. TV에서 보여 주는 만화영화를 통해 대부분의 세계명작, 위인전, 전래 동화를 접했다. 그렇게 초등학교 때는 책을 가까이할 수 없었다. 나에게는 책 자체가 매우 귀한 존재였다.

그러던 중 중학교에 올라가서 새로 이사 온 옆집 형을 알게 되었다. 친하게 지내게 되어 어느 날 형의 집에 놀러 갔다. 그런데 거실 책장에 책이 가득했다. 위인전, 전래 동화, 세계 문학 전집 등 평소에 보고 싶었던 책이 넘쳐 났다. 형은 필요하면 책을 빌려주겠다고 했다. 그때부터 형네에서 책을 빌려다 읽었다. 일주일에 3~4권씩 빌려 읽었던 것 같다. 어떤 날은 책이 더 보고 싶었다. 그래서 토요일 오전에 빌려 와서 밤새 읽고서는 일요일 저녁에 반납하고 다시 빌려 왔다. 흥미가 없는 책도 일단 빌려 왔으면 무조건 읽었다. 읽지 않고 다른 책을 빌리러 가는 것은 실례인 것 같았다. 그래서 빌린 책은 이해가 되지 않아도 그냥 읽었다.

밤에 자려고 누워서는 그 책의 내용을 머릿속으로 그리곤 했다. 그리고 기존에 읽었던 책들의 내용을 다양한 상황에 빗대곤 했다. 그렇게 여러 가지 상황을 새로 만들어 다른 시나리오를 만드는 이런저런 상상을 하곤 했다. 아마도 그때의 경험들로 인해 속독 능력과 사물에 빗대어 이해하는 능력이 발달된 것 같다.

나의 꿈은 가치기반 정보보호기술 전도사다. 정보보호 전문가도 많고, ICT 전문가도 많다. 하지만 지식을 기반으로 컨설팅하거나 본인의 업무경험을 기반으로 조언하는 전문가가 대부분이다. 가치를 기반으로 컨설팅하는 전문가는 없는 것이다. 가치는 주어진 환경, 경제적 상황, 내부/외부 문화 등을 모두 고려해야 한다. 상대방이 충분히 유용하다고 생각해야 한다. 투입 가능한 경제적 자본에 대비해 가능한 이익을 극대화(ROI)하는 것이다.

이를 위해서는 지식, 업무경험, 문제점을 통찰하는 통찰력 등 3요소를 모두 보유하고 있어야 한다. 또한 지식을 쉽게 분해, 조립, 비유하는 접합 능력을 기반으로 해야 한다. 정보보호와 비즈니스를 같이 이해하고 있어야 함은 물론이다.

나는 컴퓨터공학을 전공한 후 약 20년간 IT업계와 산업계에서 IT와 정보보호 전문가로 일해 왔다. IT와 비즈니스를 연계하고 본질을 이해하기 위해 MBA를 이수했다. 기술 지도사, ISMS/PIMS 인증심사원, PIA 전문인력, 개인정보보호 전문 강사 등 보유한 자격증만도 20종류가 넘는다. 직장생활을 하면서 틈틈이 자기계발을 한 결과다.

이렇게 통찰력을 비롯한 3요소를 보유한 전문가는 그리 많지 않다. 내가 아는 한은 현재 내가 유일하다. 주변의 지인들은 나를 '서 박사'라고 부른다. 정식 학위를 받은 박사는 아니다. 하지만 정보보호와 IT분야를 잘 이해하고 통찰력을 보유하고 있다고 해서 그렇게 부르는 것이다.

이 능력을 바탕으로 나는 많은 사람들이 정보보호와 개인정보보호를 이해하도록 도와주고 싶다. 그래서 스스로 정보를 보호할 수 있도록 도와주는 게 나의 꿈이다. 10권의 책을 저술해 세상의 인식 변화에 조금이라도 도움이 되려는 것이 현재의 목표다. 그 목표를 이루기 위해 지금도 매일 조금씩 앞으로 나아가고 있다.

소확행
실현하기

GA 성공 사업 단장, 성공 세일즈 전문 강사, 실천 동기부여가

세일즈 전문 강사이자 GA 성공 사업 단장으로, 영업전선에서 20년째 활동 중이다. 또한 억대 연봉 도전자의 코칭과 컨설팅을 담당하고 있으며, 작은 도전들에 성공해서 보다 큰 성공을 이루고 있다. 현재 '억대 연봉가의 영업비밀, GA 성공할 수밖에 없다' 라는 주제로 개인저서를 집필 중이다.

나는 대한민국의 지극히 평범하고 평범한 직장인이다. 대학을 졸업하고 회사에 입사했다. 그렇게 같은 일을 매일 반복하며 생활한 지 벌써 만 20년. 매달 열 번 이상의 마감을 하며, 1년이 어떻게 지나는지 모르고 지내고 있다. 그래도 주말이 다가오면 나름 새롭게 시작한 작은 도전, 설렘으로 가슴이 뛰고 있음을 느낀다.

몇 년 전의 어느 날 밤 10시. 포항지역단에서 회의를 마치고 경주 자취방으로 향하는 차 안이었다. 나는 옆자리에 동승한 동료 지점장과 오늘 마감회의에서 있었던 일을 이야기하고 있었다. 아직까지 내세울 게 없는 점포와 잦은 마찰로 머리가 아픈 일들에 대해

서로 조언을 구하며 늦은 밤잠을 떨치고 있었다. 그렇게 이런저런 이야기를 하다가 모처럼 취미생활에 대해 이야기하게 되었다. 골프를 친 지 오래되었지만 나는 골프 예찬론을 펼쳤다. 가만히 듣고 있던 동료가 물었다.

"최근에 가신 것은 언제입니까?"

"음, 우리 회사에 입사하고 못 갔으니, 벌써 한 3년은 지났지!"

그 말을 하곤 뭔가 잘못되었다는 것을 느꼈다. 3년간 하지도 않은 것을 취미라고 얘기하고 있으니. 나는 새벽 6시만 되면 화장실에 가는 것으로 하루를 시작했다. 그러곤 밤 10시가 되면 자취방의 한쪽 구석에 놓인 이불 속으로 들어가는 것으로 하루 일과를 마무리하고 있었다. 좋아하던 골프채를 잡지 못한 지도 족히 3년. 나에게도 뭔가 특별한 일이 필요하다고 절실히 느끼게 되었다. 무료한 일상을 바꾸고 싶은 마음은 굴뚝같지만, 생각에만 머물고 있었다.

얼마 지나지 않아 동료 지점장이 취미생활을 같이할 작은 모임을 만든다며 메밀 국수집으로 초대했다. 그가 평소 낚시를 즐겨한다는 걸 알고 있었다. 때문에 한번 배워 보자는 생각으로 모임에 참석했다. 경주, 건천, 외동, 멀리 포항서 오신 분도 계셨다. 포스코에서 근무하시는 분, 현대자동차에서 근무하시는 분, 은퇴하고 제2의 인생을 사시는 분도 계셨다. 다들 간단히 자기소개를 마쳤다. 그리고 간단한 저녁식사와 함께 본격적인 얘기를 이어 갔다.

"나는 4짜 조사가 꿈입니다."

처음에는 무슨 말인지 몰랐다. 휴대전화를 꺼내 몰래 검색해 봤다.

'아, 계측기준 40센티미터가 넘는 붕어를 잡은 사람을 일컫는 말이구나!'

그냥 많이 가 보고, 많이 해 보면 될 것 같은데. 꿈이라는 단어까지 사용하며 목표로 잡는다는 게 이상했다. 이야기가 계속되면서 내 머릿속엔 온통 '새로운 취미를 가지고 싶다. 나도 이건 쉽게 할 수 있을 것 같다. 해 보자.'라는 생각이 들끓었다. 그날 이후 낚시라는 걸 배우기 시작했다. 그러면서 알면 알수록 빠져들게 하는 묘미가 있다는 것을 새롭게 알게 되었다.

나의 소확행(일상에서 느낄 수 있는 작지만 확실하게 실현 가능한 행복) 첫 번째 목표를 월척을 잡는 것으로 정했다. 먼저, 간단한 장비를 구입하기로 했다. 이 세계로 끌어들인 동료 지점장이 자신이 가진 장비 중 일부를 분양해 주었다. 무상으로 말이다. 그리고 늦은 밤 나의 자취방으로 찾아와서 여러 가지 정보와 필요한 기술을 가르쳐 주었다.

"먼저 장비를 다루는 법을 알려 드릴게요."

간단히 얘기하면 장비를 오래 사용하기 위해, 장비가 제 역할을 다하게 하기 위해 청소하는 법, 낚시 채비를 갖추는 법, 낚싯줄의 매듭을 묶는 법 그리고 낚싯바늘을 묶는 법 등을 가르쳐 주었다. 자세한 설명과 함께 실습 위주로. 정말 시간 가는 줄 모르고 푹 빠져 며칠 밤을 그렇게 보냈다. 지점장은 보통 새벽 2시쯤에 와 줬다. 나는 그의 가르침이 끝나면 고맙다며 배웅했다. 그러곤 이불 속에서 늦은 잠을 청했다. 그런 날이면 호수에 앉아 낚싯대를 드리우고 있는 나의 모습을 꿈속에서 보며 밤잠을 설쳤다.

다음 날, 정말 중요한 찌맞춤 강의를 들었다. 붕어가 미끼를 탐색하는 순간부터 먹는 순간까지. 찌를 통해서 붕어와 교감하고 느끼는 것이었다. 한순간 한순간이 고스란히 찌에 전달되도록 세팅하는 것이었다. 낚시점에서 구경한 수조 통을 차에 싣고 와서 자취방 한쪽 구석에 설치했다. 설치야 매우 간단했다. 그냥 신문 몇 장을 깐 수조 통에 물을 채우면 끝이었다.

"자, 찌에 케미 라이트를 꽂고, 초릿대 앞줄부터 봉돌까지 물에 담급니다."

아래로 가라앉는 봉돌의 무게와 위에 떠 있으려는 찌의 부력을 맞춰 주는 과정이다. 찌의 부력보다 높은 봉돌을 달고, 봉돌의 무게를 줄여 가며, 찌의 민감도를 높여 가는 과정이다. 찌는 부력이 이미 정해져 있다. 그러므로 봉돌에 무게를 더하거나, 줄여 가는 방법이었다. 그렇게 새로운 것을 하나둘 알아 갔다. 낚시를 단순하게 생각했던 내가 부끄러웠다.

짙고 푸른 밤. 대도시에서는 절대 볼 수 없는 밤하늘. 이름 모를 자연의 소리를 들어 가며 첫 밤낚시를 하러 나왔다. 고요한 물위에 찌를 던지고, 거두고 하기를 몇십 번. FTV 한국낚시채널을 통해 눈으로 보며, 쉽게 생각했던 것. 하지만 정말 한 가지도 쉽게 되는 것은 없었다. 그렇게 첫날 밤은 꼬박 의자에 앉아 보냈다. 월척이 나온다는 명당 포인트에서 낚시점 적극 추천 밑밥과 맛깔스러운 옥수수 미끼로 세팅했다. 그러곤 잽싸게 챔질할 자세로 밤새도록 찌만 뚫어져라 보고 있었다. 물론 한 마리도 만나지 못하고 새벽을 맞이했다.

해양수산부에서 추산하는 국내 낚시 인구는 800만 명. 그중 한 명으로 이름을 올리며 시작한 취미생활. 그렇게 시작한 지 약 1년 후, 나는 경주시 천북면 물천리 소재의 작은 못에서 32센티미터의 월척을 낚게 되었다. 경주 지진이 발생하기 두 달 전인 7월의 기록이다. 일에 절어 있던 내가 월척의 꿈을 가지고 시작한 나의 첫 번째 소확행은 그렇게 성공적인 결실을 맺게 되었다. 지금도 한두 달에 한 번씩 기록 갱신의 희망을 품고 출조하고 있다.

회사, 집만 왔다 갔다 하는 평범한 직장인의 삶 속에 새롭게 끼어든 취미생활. 그 속에서 배우게 된 많은 것들. 일에만 집중하며 사는 것도 중요하지만, 내 주위를 둘러볼 수 있는 계기가 되었다. 쉬워 보였지만, 쉽지 않았던 일이 내 삶에 가져다준 변화도 많았다.

늦은 밤까지 회의에 참석하는 일도 없어졌고, 전국 최고 지점이 되는 영광도 누리게 되었다. 특히 가족과 함께하는 시간이 많아졌다. 건강, 행복 그리고 사랑이 나 자신을 찾아 준 것이다.

나는 지금 두 번째 소확행을 시작하고 있다. 다름 아닌 주말농부가 되는 것이다. 우리 집 식탁을 내가 키운 것들로 채워 보는 것이다. 이번 주에는 마늘과 양파를 심었다. 내년이면 식탁에 오를 수 있을 것이다. 나는 그것들을 주위 분들에게도 나눠 줄 생각이다. 그렇게 또 뜻한 바를 이룰 것이다.

가족과 함께하는
따뜻한 공간 마련하기

55 pilates&pt 대표, 스포츠 모델, 다이어트 강사

55 pilates&pt 대표로서 모델들의 워너비 강사로 활동 중이다. 건강을 되찾으면서 갖게 된 필라테스 강사라는 직업과 직접 경험한 스포츠 모델, 다이어트와 건강 비법을 알릴 수 있도록 TV 출연 등 활발히 활동하고 있다. 현재 일상에서 자존감, 자신감을 찾아 줄 수 있는 다양한 방법을 주제로 다양한 콘텐츠를 개발 중이다.

죽기 전에 꼭 하고 싶은 것들이라는 주제를 생각하니, 너무 생각나는 것들이 많았다.

먼저 우리 가족 모두 좋은 집에 모여 사는 것이 생각났다. 가족이 모여 사는 좋은 집. 대단한 것도 아니고 대부분의 사람들이 이루고 있는 것일지 모른다. 좋은 집. 큰 꿈을 가지고 있는 사람들에게는 소박해 보일 수도 있는 꿈일지 모르겠다.

나에겐 100가지가 넘는 버킷리스트가 있다. 해 보고 싶은 다방면의 일들이 있다. 하지만 '성공 끝에 결국 돌아가야 할 곳? 죽기 전에?'라는 타이틀을 걸어 보니 가족이란 단어가 생각났다. 우리 가족은 할머니, 엄마, 아빠, 나, 여동생 이렇게 다섯 식구다.

아주 어릴 때 빼고는 부모님은 일 때문에, 나는 공부 때문에 떨어져 살았었다. 성인이 되어서도 각자의 직장 근처에 터를 잡아 떨어져 살고 있다. 우리 엄마는 아빠와 결혼할 때 시누이만 4명이었다. 그런 집에 시집와 매달 혼자 제사를 준비하셨다. 그러다 아빠가 하는 일이 잘되지 않아 지방으로 내려가 장사를 하게 되었다. 그러곤 장사하는 가게 쪽방에서 사셨다. 그래서 지금까지 한 번도 자신만의 부엌이 있는 집을 가진 적이 없으셨다. 그것을 아는 만큼 나는 항상 부모님이 서울에 오실 땐 조금 무리를 해서라도 좋은 호텔을 예약했었다.

집은 아직도 시어머니의 공간이다. 가게는 엄마만의 공간이 아니다. 그 점이 나이가 들수록 같은 여자로서 마음이 아팠었다. 좀 더 여유가 되면 큰 집으로 이사를 시켜 드려야겠다고 생각은 했었다. 하지만 그 자리에 나는 없었었다.

우리 식구는 너무 오래 떨어져 살았다. 그래서인지 부모님이 내 집에 오면 손님이 온 것 같았다. 편하기만 한 건 아니었던 것이 사실이다. 나는 혼자 있는 것이 익숙하고 편했다. 내 집인 만큼 나만의 규칙도 있었다. 침범 받고 싶지 않다고 생각했다. 때문에 서른 살이 넘기까지 한 번도 부모님과 같이 산다는 것을 상상도 해 본 적이 없었다. 그런데 문득 엄마가 나에게 "네가 시집가기 전에 한 번이라도 엄마노릇을 해 보고 싶다."라고 얘기한 게 생각났다. '엄마도 이제 나이가 들었나 보다'라고 생각하고 흘려듣던 말이었다.

어린 시절엔 집에 들어가면 엄마가 있는 아이들이 부러웠다. 저녁때라도 엄마와 대화하고 차려 주는 밥을 먹는 아이들이 부러웠다. 난 소풍 때도 엄마가 싸 준 도시락을 가지고 간 기억이 없다. 엄마가 싸 준 도시락보다 사 먹는 게 훨씬 괜찮은 게 많아서. 그런데 문득 나도 그래 본 적은 없지만 '같이 살면 어떨까? 그러면 서로 늘 아쉬웠던 부분을 채워 줄 수 있지 않을까?' 하는 생각이 들었다.

이런 얘기만 들으면 내가 불우하게 자랐다는 느낌이 들 수도 있다. 하지만 아이러니하게도 학창 시절에 난 돈이 아쉬운 적이 없었다. 과외며 옷이며 학원에 미대 입시까지 부모님의 도움을 많이 받았다. 어려움 없이 큰 셈이다. 지금 생각해 보면 부모님은 같이 있어 주지 못하는 미안함을 그렇게 달래셨던 것 같다. 현금이 많이 도는 가게를 하는 만큼 미안함을 용돈으로 대체했던 것 같다. 아들이 없는 만큼 첫째 딸인 나에게 올인해 주셨던 것 같다. 부모님은 잦은 잔소리 대신 결과로 보여 달라고 항상 얘기하셨다. 꿈과 자존감을 크게 길러 주려 애쓰셨던 것 같다. 부모님 덕에 난 성인이 된 지금도 늘 앞을 보며 나아갈 수 있다.

지금도 죽기 전에 하고 싶은 100가지를 쓰라고 하면 너무 쓸 것이 많을 것 같다. 하고 싶은 것도 못 해 본 것도 많다. 해 왔던 것도 다시 한 번 더 잘해 보고 싶은 욕심도 있다. 그러나 한 가지를 고르라 하면 가족을 고를 것이다. 가족과 함께하는 따뜻한 공간을 마련하고 싶다.

우리 가족은 가끔 행사처럼 모이지만 모두 그 시간을 특별하게 보내기 위해 노력하며 지낸다. 만약 이러한 시간이 일상이 되면 특별함을 잃겠지만 나는 거기에서 또 다른 행복감이 생길 거라고 믿는다.

요즘 가족 수가 줄고 혼자 사는 사람들이 많아지면서 마음의 공허함을 느끼는 사람들을 많이 본다. 하지만 가족 수는 문제가 아닐 수도 있다. 나는 다툼이 있더라도 사람들과 대화하고 위로받는 것이 다른 것보다 공허함을 채우는 데 제일 좋은 방법이라고 생각한다. 그 사람들이 어떤 상황이든 내 편일 수밖에 없는 가족이라면 더 효과가 좋지 않을까.

우리는 늘 같이 있기 때문에 가족의 소중함을 모르고 지낼 수 있다. 하지만 나는 내 글이 조금 다른 시선으로 자신의 가족을 한 번 더 돌아보는 계기가 되었으면 좋겠다.

부의 시스템을 만들어
시간적, 경제적 자유 누리기

직장인, 건강관리사, 극복 전문가, 동기부여가

지방에 있는 4년제 대학교를 졸업하고 자동차 분야에 취업했다. 그러나 지금의 삶이 내 삶의 행복이 아니라고 판단되어 직장에서 탈출하고 싶어졌다. 앞으로 어떻게 삶을 개척할지 좋아하는 운동을 하며 하나씩 찾고 있다.

누군가 "당신은 현재의 삶에 만족하는가?"라는 질문을 한다면 나는 "아니다, 나는 현재를 탈피하고 싶다! 부를 창출하는 시스템을 만들고 싶다!"라고 말할 것이다. 누군가는 같은 시간을 일해도 더 많은 부를 창출한다. 나도 그렇게 시간과 경제적인 자유를 누리고 싶다. 그러기 위해서는 어떻게 해야 하는 것일까?

나는 10대, 20대 때 별다른 희망이 없었다. 무엇을 하며 살지 생각해 본 적도 없었다. 단지 열심히 살다 보면 길이 펼쳐질 것이라는 생각을 가졌을 뿐이었다.

나는 지방의 4년제 대학을 나왔다. 사람들에게서 "제주도에 있는 학교 아니냐?"라는 말을 자주 들었다. 하지만 취업 준비에 공을 들여서인지 다행히 나는 연봉 4,000만 원 이상인 자동차 부품 회사 연구개발직에 입사했다. 나는 이제 부자가 될 수 있는 발판 아닌 발판을 만들었다고 생각했다. 하지만 실상은 그렇지 않았다. 돈이 조금씩 모이기는 했다. 하지만 똑같은 방식(적금, 펀드, 변액보험)으로는 지금의 삶에 지장이 없을 정도일 뿐이었다. 그러다 나 자신에 대해 생각해 보았다. '내가 정작 지금 할 수 있는 것이 무엇일까? 부자가 되려면 어떻게 해야 하는 것인가? 재테크를 하면 되는 것인가? 일반 직장인은 할 수 없는 것인가?'라고 고민하면서….

그러다 다양한 정보를 얻을 수 있는 방법인 책을 읽어 보자고 했다. 난 재테크 서적 및 부자에 관련된 서적들을 읽기 시작했다. 출퇴근에 드는 1시간 30분씩. 총 왕복 3시간. 다행히 지옥철이 아니어서 책을 읽을 수 있는 여유가 있었다. 나는 이 시간을 이용해 부자들의 생각을 접했다. 그중 하나가 사업을 해야 한다는 것이었다. 하지만 어떤 아이템으로 시작해야 할지 감도 잡히지 않고 시도조차 하기가 두려웠다. 그렇게 무엇을 해야 할지 모른 채 방황하며 지내다 우연히 서점을 방문하게 되었다.

서점에서 우연히 김태광 작가님의 《김 대리는 어떻게 1개월 만에 작가가 됐을까》라는 책을 보았다. 작가가 되고 싶다는 생각을 가진 적은 없었다. 단순히 '1개월 만에 작가?'라고 생각하며 제목에 끌려 책을 사게 되었다.

나는 과거에 이런 말을 접한 적이 있다. "책을 읽을 때 인풋(input)으로 끝내지 말고 아웃풋(output)을 해야 진정한 독서를 하는 것이다." 그리고 이 말을 김태광 작가님도 들려주고 있었다. 안 그래도 저 말이 내 머릿속에서 맴돌아 독후감을 써 볼까도 생각했었다. 하지만 끝내 시작하지 못했다. 초등학교 때나 했던 일을 막상 하려니, 손에 잡히지 않았던 것이다. '정말 쓸 수 있을까?'라는 고민만 되풀이했다.

하지만 김태광 작가님의 책을 읽으면서 새로운 희망이 생기는 것 같았다. 이 책에서 가장 기억에 남는 말은, "각자 자신들의 재능을 책을 쓰는 데 쏟아 사람을 치유하고 시간적, 경제적인 자유를 누려라."라는 말이었다. 그러면 "누군가에게 도움을 주고 시간과 경제적으로 나아지는 삶을 살 수 있다."는 것이었다. 나는 그 말에 '일단 해 보자!'는 심정으로 〈한책협〉 카페에 가입했다. 그러곤 얼마 지나지 않아 공동저서에 참여하게 되었다. '정말 내가 책을 쓰는구나. 신기하다. 시작이 반이라고 했던가?'

나는 책 쓰기를 시작하면서 포기하는 삶, 평범한 삶에서 벗어났다. 책을 쓰는 것 자체가 희망이 되었다. 기회는 움직이지 않으면 잡을 수 없다는 것을 몸소 느꼈다. 지금도 책을 쓰는 이 순간이 즐겁다. 마치 쳇바퀴에서 빠져나오는 구멍을 만든 느낌이다. 앞으로 나에게 어떤 삶이 펼쳐질지 기대된다. '5년 또는 10년 후에도 동일한 모습으로 지내고 있겠지'가 아닌, '항상 새롭게 꿈꾸며 될 수 있다'라는 희망을 마음에 새기고 있다.

김새해 작가님의 《내가 상상하면 꿈이 현실이 된다》라는 책 제목처럼 계속 상상하다 보면 언젠가는 목표에 다가가는 경험을 할 수 있을 것이다. 나는 그 첫 번째로 부의 시스템을 만드는 초석을 다지고자 책을 쓰려 한다.

현재 나는 30대 초반이며 막 책 쓰기를 시작했다. 5년, 10년 후에는 더 멋진 삶을 살 것이라 확신한다. 나는 부의 시스템을 구축할 것이다. 그렇게 된다면 아래와 같은 사항도 이룰 수 있을 것이다.

- 부모님 여행 보내 드리기
- 개인저서 출간하기
- 월 1,000만 원 이상 수익 창출하기
- 주도적으로 설계하는 삶 살기
- 강연가의 삶 살기
- 40대에 직장생활 졸업하기
- 행복한 가정 꾸리기

이제 마지막 재정비를 시작으로 나는 부의 시스템을 구축할 것이다. 지금은 작은 소망에 불과할 수도 있다. 하지만 하나하나 꿈을 이루어 갈 것이다. 그러면 5년이나 10년 후, 나는 내가 이루고자 했던 삶을 살고 있을 것이다.

긍정과 소통의 힘
기록하기

언론학 박사, 프리랜서 방송인, 前 안양대&우송정보대 겸임교수, 스피치 커뮤니케이션 교수, 글로벌 소통 전문가

언론학 박사로서 15년 이상 전문 방송인, 대학교수로 활동했다. 공주시청에서 특수 경력직 6급 공무원으로 활동하다 2012년 대학교수인 남편을 따라 UAE 수도 아부다비에서 생활했다. 아부다비를 포함해 유럽 전 지역 일주 등 세계여행을 하며 시야를 넓혀 글로벌 소통 전문가로도 활동했다. 현재 다양한 분야의 사람들에게 소통을 중심으로 강의하고 있다.

　　유년 시절의 나는 교육자인 부모님 덕에 비교적 부유한 가정환경에서 하고 싶은 건 다 하면서 살았다. 방송인이란 직업과 대학교수, 공무원 등 다양한 직업을 넘나들며 이른바 잘나가는 커리어 우먼으로 20~30대를 보냈다. 결혼 후에는 남편과 해외에서 여유롭게 생활했다. 유럽 일주에 여러 나라를 내 집 드나들 듯 여행하며 지금까지 살았다.

　　남들이 보기에도 나는 그냥 평생 행복하게만 지낸 여자다. 물론 이 말도 맞다. 삶의 굴곡도 어려움도 없이 지금까지 살아온 게 사실이니까. 그래서 나에겐 남들보다 더 '긍정', '여유', '배려'라는 마음의 힘이 있다.

내가 이만큼 살아오면서 이른바 '덕'을 보며 사회생활을 한 적은 단 한 번도 없다. 그냥 도전하고 부딪치고 실패하면서 하나씩 하나씩 밟아 온 결과가 내 인생을 더 넓고 깊게 만들었을 뿐이다.

해외생활 6년 동안 유럽을 거의 다 돌았다. 한번 여행하면 두 달 정도를 머무르며 이 나라, 저 나라를 다녔다. 여행 중에는 느낀 것도 너무나도 많았다. 소위 "집 나가면 고생"이라는 말도 체감했다. 직접 집을 나가보면 내 집이 최고라는 생각이 든다. 그럼에도 불구하고 자꾸 나가고 싶은 이유가 있다. 그 여행이 주는 여운이 삶을 살아가는 데 힘도 되고 교훈도 되기 때문이다. 아이도 어른도 여행을 통해 한 뼘씩 훌쩍 성장해 있음을 느끼는 이유다.

재작년 봄, 오만(Oman)의 '샬랄라(Salala)'라는 도시를 차로 여행했다. 우리는 UAE의 수도 아부다비(Abudhabi)에서 살고 있었다. 그랬던 터라 그곳까지 차로 여행하려면 1,300킬로미터 이상을 달려야 했다. 모험심, 도전정신이 강한 남편이기 때문에 추진 가능했던 여행이었다.

당시 다섯 살배기 아들과 함께 여행을 시작했다. 길가에 낙타들과 염소가 다니고 천지 사방이 사막인 길을 따라 달리고 또 달렸다. 세상에 우리 셋뿐이라는 생각이 여행 내내 들 무렵 아이가 지루함을 견디지 못하는 날이 왔다. 아들바보 아빠는 아들의 지루함을 달래 주려고 지도상의 파란색만 보고 바다 쪽으로 달렸다.

그 해변가는 이상하리만치 을씨년스런 늪을 지나야 나왔다. 늪을 지나는 동안 여러 마리의 낙타와 정체불명의 동물들이 우리 차 옆을 기웃거렸다. 그냥 도로 나갔으면 하는 공포감이 들 찰나 파란 해변과 새하얀 모래가 눈앞에 펼쳐졌다. 오후 5시가 좀 지났을 무렵이었다. 아들과 해변에서 좀 놀다가 한 시간 거리의 호텔로 들어가면 되겠다는 게 아빠의 계획이었으리라. 우리 차는 한국서는 좀체 보기 힘든 4륜구동의 승합차만 한 SUV 대형 자동차였다. 그래서 남편은 어딜 가든 거침이 없었다. 그 모래사장에도 거침없이 들어갔다.

그런데 그때부터 긴급 상황이 벌어졌다. 바퀴가 헛돌면서 모래 속으로 계속 묻힌 것이다. 그 세상 속에는 우리 셋 말고는 아무도 없었다. 철썩이는 파도가 그토록 공포스럽게 느껴진 적은 세상에 태어나 처음이었다.

급속도로 날이 저물었다. 남편 혼자 죽을힘을 다해 바퀴 속 모래를 파냈지만 꼼짝할 수 없었다. 현지 경찰에 연락해도 감감무소식이었다. 만약에 물이라도 들어오면…. 이건 도통 상상할 수 없는 끔찍한 공포였다. 무엇보다 다섯 살배기 아들을 보니 더 무서웠다. 이 아이에게 무슨 일이 생길까 봐 두렵고 무섭고 미안했다. 즐겁자고 온 여행이 한순간 공포로 뒤바뀐 6시간이었다. 사투 속에 남편은 아빠의, 가장의 힘으로 결국 차를 빼냈다.

돌이켜 보면 그 6시간이 내 인생의 많은 부분을 바꾸어 놓았다. 다섯 살배기 아들은 두려워하는 우리의 눈빛을 눈치챘는지 배고프단 말도 칭얼거리는 말도 단 한마디 없었다. 그러곤 "아빠, 엄마 지금이 이멀전시지? 우리가 힘을 모아서 헤쳐 나가자. 알았지?"라고 엄마를 다독였다. 6시간의 사투 후에 그 컴컴한 밤 속에서 차는 기적적으로 튀어 나갔다. 그때 그 아이가 하늘로 뛰어 올라갈 듯 기뻐하며 "우리가 해냈다!"라고 소리쳤다. 그때, 난 깨달았다. 늘 말하던 가족의 소중함이라는 말의 깊은 의미를. 그리고 그 공포를 견디고 헤쳐 나가는 아이와 우리의 모습에서 더더욱 강해진 '긍정'의 힘과 '배려'의 마음을.

지금 돌아와서 나는 소통 전문가로, 자녀교육 전문가로 활동 중이다. 나는 글로 된 솔루션보다 내가 겪고 느끼고 경험했던 수많은 일들을 대안으로 제시한다. 무엇이 정답인지는 나도 모른다.

우리는 누구나 꼭 이루고 싶은 걸 꿈꾸며 산다. 비교적 많은 걸 누리고 경험하고 있는 나로서 죽기 전에 이루고 싶은 걸 곰곰이 생각해 보았다. 그러자니 내가 보고 듣고 경험했던 것들을 하나하나 기록해 두고 싶었다.

아부다비에서의 생활, 다양한 인종들과의 만남, 그 속에서의 일상, 그곳에서 자란 내 아이의 삶. 그것들을 정리하고 필요로 하는 이들과 공유하고 싶다. 긍정이라는 힘, 배려라는 힘, 다름을 인정하는 방법, 소통을 갈망하는 많은 이들과 함께 공유할 수 있는 기록을 저장하고 싶다. 그것이 책이든, 영상이든 그 어떤 매개체라도 좋다.

세상을 살아가는 데 있어 나만 힘들거나 어렵거나 다르지 않음을 소통하고 싶다. 그것이 내 삶의 버킷리스트다.

내 경험을 살려 싱글맘과 미혼모들에게 도움 주기

심리 상담사, 전도사, 중보자, 경호원, 헬스 트레이너, 부분 모델, 멘토

에클레시아 교회 전도사다. 한 아이의 엄마로서 때로는 누군가의 소중한 딸로서 오며 가며 만나는 사람들에게 복음을 전도한다. 또한 현 환경을 새롭게 계획해 보다 나은 환경에서 살아갈 수 있도록 상담해 주고 있다. 어린아이부터 노인까지 각 세대들의 고민을 들어 주고 공감하며 고민을 함께 풀어 나가는 중보자의 역할도 한다.

내가 혼자 아이를 키운 지 벌써 10년이 흘렀다. 우리 주위에는 혼자 아이를 키우며 힘들어하는 엄마들이 있다. 혹은 아직 아이를 낳을지 고민하는 미혼모들이 있다. 나는 그들을 응원하고 싶다. 그리고 지금 처한 현실이 너무 막막하고 슬프고 괴로워 극단적인 선택을 해야 할지 갈등하고 있는 사람들도 있을 것이다. 나는 그런 사람들에게 내 이야기가 위로가 되길 소망한다.

모든 순간마다 화를 내거나 슬퍼하거나 짜증을 내는 것은 아무런 도움이 되지 않는다. 적어도 나의 경우에는 오히려 독이 되었다. 부정적인 생각들은 좋지 않은 선택과 결과들로 이어졌다. 그러다 나는 배 속 아이를 위해 감사하기로 마음먹었다. 그러고 나니 마음이 편안해졌다. 의지할 곳 하나 없었으나 내 편이 생긴다는 생각에 설레었다. 그렇게 감사하기로 마음먹었다.

그 당시 내가 행한 방법은 너무나 간단하고 누구나 쉽게 할 수 있는 것들이다.

1. 거울을 보며 웃는 연습하기

웃는 법을 연습하다 보면 주변 사람들이 바뀐다. 그뿐만이 아니다. 내가 사랑하는 아이가 웃는 나의 얼굴을 보며 웃음을 배운다. 그리고 정말 웃을 일이 많이 생겨난다.

2. 거울을 보며 스스로에게 말하기

"넌 할 수 있어. 너는 너무 사랑스러워. 넌 잘하고 있어. 걱정하지 마. 잘될 거야. 좋은 일들만 생길 거야."라고 스스로에게 말하는 것이다. 당신이 하는 모든 생각들이 환경을 지배하고 그 파장으로 인해 당신의 생각과 비슷한 환경이 만들어진다는 것을 잊지 말자.

3. 부정적인 생각 및 말하지 않기

"왜 되는 일이 없을까. 그럼 그렇지, 내가 뭘 할 수 있겠어. 앞으로 어떻게 살지. 살고 싶지 않다.", 욕하기 등 (자신을 비하하는 말은 더욱 사용하지 말기)

4. 인터넷 활용하기

인터넷에 나의 상황들을 적거나 그 외 다양한 분들이 올려놓은 글들을 읽어 나간다. 그중 괜찮다 싶은 생각들을 필기한다. (예를 들어, 여성의 집, 무료 심리 상담소 등을 이용해서. 나의 경우 여성의 집을 활용했다.)

5. 국가의 도움 받기

가까운 동사무소나 시청을 이용하면 자세히 상담 받을 수 있다.

6. 말씀 읽기, 기도하기

수많은 방법 중 이 방법이 제일 빠른 효과를 나타냈다. 나의 경우, 이 방법으로 여러 죽을 고비를 넘길 수 있었다. 마음이 평안으로 가득 채워졌다.

7. 감사편지 쓰기

주로 배 속 아기와 나 자신을 향해 많이 썼다. 매일 일기처럼 써 내려갔다. 그렇게 한 번씩 힘들 때마다 꺼내 읽어 보며 위로와 용기를 때론 웃음을 선사받기도 했다.

삶을 살아가다 보면 뜻하지 않은 일들을 만나는 경우가 많다. 나 역시도 그런 시절을 겪었다. 또한 앞으로도 그럴 수 있다고 생각한다.

그러한 상황일 때, 누군가가 나와 같은 상황에서 이러한 방법들로 이겨 냈다면, 혹은 그 선택으로 변화된 환경에서 살고 있다면 위로가 될 것이다. 그리고 그 위로를 어쩌면 내가 줄 수 있을지도 모른다.

'혼자 아이를 키우는 일이 누구에게나 가능할까?'라고 생각한 적이 있다. 하지만 요즘 그 가능성이 생각보다 높다는 것을 깨닫고 있다. 누군가는 정말 아이만 바라보며 미친 듯이 살아갈 것이다. 무엇부터 준비해야 될지 몰라 허우적거리는 사람들도 있을 것이다. 아이를 혼자 키우는 일은 부모의 역할을 혼자 해내야 한다는 뜻이기 때문이다.

아이가 입원 중일 때 나는 독학으로 심리상담사 자격증 2급을 땄다. 그리고 수많은 책들을 사서 보았다. 아이와 관련된 서적부터 아이와 함께 살아가는 데 필요한, 미래를 위한 책까지. 1년에 한 번 이상은 100만 원 이상의 책을 샀다. 물론 이런 방법을 똑같이 취하라는 것은 아니다. 내가 그 수많은 책을 읽어 내려가며 아이와 겪은 스토리들을 구체적으로 여러분과 공유하고 싶을 뿐이다. 꼭 책을 구입하지 않아도 된다. 도서관을 이용해 빌릴 수도 있다. 육아와 관련된 다양한 책을 읽을 때 부족한 예시를 찾고 또 찾은 기억이 난다. 그러다 다음과 같은 예시를 찾았다.

유치원에서 친구와 다투고 왔을 때 딸이 "엄마, 내가 A에게 소리 질렀어. 내 물건을 만져서."라고 이야기한다. 그럴 때 엄마는 "그래, 잘했어. 기분 나빴겠네."라며 먼저 아이의 속상한 마음을 다독인다. 그 후 아이에게 이렇게 이야기한다. "그래, 네 말이 맞아. 그런데 네 물건이 너무 예쁘고 신기해서 아무 생각 없이 A가 만졌을지도 몰라. 너도 엄마 화장품이 예쁘고 신기해서 엄마 몰래 만지거나 그러잖아. 그때 엄마가 너에게 어떻게 해? 엄마가 소리 질러? 화내고? 만약 엄마가 소리 지르고 화낸다면 네 마음은 어떨 것 같아?"라며 아이에게 생각할 시간을 준다. 그러면 딸아이는 "저는 속상해요, 엄마가 그렇게 하면."이라고 말한다. 이때 엄마는 "맞아, 물론 그 친구가 잘못한 거야. 그런데 그럴 때는 소리를 지르기보다 그건 나쁜 행동이란 것을 그 친구에게 알려 주어야 하는 거야. 그렇게 대화식으로 풀어야 해."라고 말해야 한다.

이렇게 하는 이유는 아이의 입장에서 먼저 아이의 감정도 맞다는 것을 인정하는 것이 중요하기 때문이다. 아이가 느낀 감정을 그대로 방치하거나 무시할 경우 아이는 부모에게 더 반항하게 된다. 귀를 닫아 버리거나 잔소리로 생각하게 되기 때문이다. 그렇게 되면 대화는 사라지고 싸움만 남는다.

또한 부모의 입장에서 이야기한 후에는 아이가 상대방의 입장에서 생각할 수 있도록 시간을 주어야 한다. "이렇게 하는 거야."라고 결론부터 내리기보다는 "이렇게 행동할 경우 너는 어떤 느낌일까?" 하는 식으로 말이다.

삶을 살아가다 보면 아이 문제만 있는 것은 아니다. 경제적인 부분 혹은 정신적인 스트레스 등 다양한 문제가 생긴다. 그런 일들을 겪다 내가 만난 하나님에 대해서도 소개해 주고 싶다. 심각한 우울증을 겪으며 내가 가진 문제들이 너무 커 보였다. 그때 마지막이다 싶어 밤낮으로 미친 듯이 성경 말씀을 읽어 내려가기 시작했다. 그렇게 6개월 이상을 생활하고 나니 내 마음속에 평강이 넘쳐났다. 나를 돕기 위해 나서는 주변 분들이 넘쳐 났다.

물론 지금도 나는 내가 도울 일은 기쁘게 돕고 때론 도움을 받으며 살아가고 있다. 기도하는 법도 몰랐던 내가 이제는 다른 사람들에게 "기도는 이렇게 하시면 됩니다."라고 이야기해 주고 있다.

내 문제들은 수많은 모래알보다 더 많은 해결책을 가지고 계신 주님께서 많이 해결해 주셨다. 길거리에 나앉을 뻔도 했다. 새로운 집으로 이사할 비용도 없었다. 그런데 그런 문제들을 다 해결해 주신 것이다. 그런 주님께 감사한 마음뿐이다. 죽어 가는 나의 영을 살리시고 수많은 죽을 고비들을 잘 넘길 수 있도록 인도하셨기 때문이다. 또한 이렇게 누군가에게 도움이 될 수 있는 글을 쓸 기회를 주셨기 때문이다. 그런 주님께 영광 올린다.

1인 창업가로서
시간적, 경제적 자유를 누리는 삶 살기

감정 코칭 컨설턴트, 감성치유 메신저, 시각&제품 디자이너, 문화예술교육 기획 강사, 자기계발 작가, 동기부여 강연가

감정 돌봄을 통해 행복한 삶을 동기부여해 주는 감성치유 작가이자 디자이너다. 글과 그림, 디자인으로 사람들에게 따뜻한 감성과 힐링을 전하고 함께 정서적 선순환을 나누는 것이 목표다. 저서로는 《어른이 처음인 당신을 위한 단단한 위로》, 《보물지도 16》이 있다.

우리는 매일 바쁘게 살아간다. 심지어 자신도 모르는 사이 타인과 비교하며 치열한 경쟁 속에 살아가고 있다. 대부분의 직장인들은 하루 평균 8시간 이상을 회사에서 일한다. 물론, 우리나라 기준에서의 이야기다.

2017년 경제협력개발기구(OECD) 회원국의 연간 평균 근무시간은 1,759시간으로 통계되었다. 독일이 1,363시간으로 근무시간이 가장 짧았다. 오스트리아가 1,613시간으로 그 뒤를 이었다. 반면 우리나라는 2,024시간으로 조사되었다. 이를 통해 우리가 얼마나 많은 시간을 노동하고 있는지, 또 어느 정도의 여가시간을 즐기며 살아가고 있는지 가늠해 볼 수 있다.

최근 사회 전반에 걸쳐 화두가 되고 있는 '워라밸(Work and life balance)'이란 삶의 가치가 있다. 거기에 빗대어 보았을 때 저 시간은 일과 삶의 균형이 잘 조화되지 않고 있음을 확실히 알 수 있게 한다. 굳이 통계까지 내 보지 않더라도 이는 일상생활에서 늘 피부로 직접 느끼는 일이다.

나는 하루에 회사에서 10시간 이상을 일하는 디자이너다. 그러다 보니 늦은 퇴근시간으로 인해 평일에는 친구들과 약속을 잡는 것이 쉽지 않았다. 듣고 싶었던 교육을 수료할 시간을 내는 것조차 쉽지 않았다. 뿐만 아니라 저녁식사 시간이 늦어져 과식과 폭식을 자주 하게 되었다. 때문에 체중이 증가하는 등 건강에도 좋지 않은 증상을 꽤 많이 겪어 왔다.

숨 가쁘게 돌아가는 하루 중에 온전히 나에 대해 생각하고 무언가를 해 볼 수 있는 시간은 늘 빠듯하게만 느껴졌다. 그래서 나는 잠을 조금 덜 자더라도 늦은 시각까지 자기계발을 위한 공부를 하곤 했다. 다음 날 회사에서의 피곤함은 이루 말할 수 없었다. 그러다 보니 '하루 종일 일하고 이런 개인 시간마저도 없다면 도대체 어디에서 행복을 찾을 수 있다는 말인가'라는 생각이 크게 자리 잡게 되었다.

나는 저녁이 있는 삶을 살고 싶다. 문화생활을 적극적으로 즐길 수 있는 삶을 살고 싶다. 일과 사람에 치이는 하루하루가 아니라, 나다운 모습으로 행복감을 느끼면서 재미있게 일하는 삶을 살고 싶다. 그러기 위해선 내가 진정 좋아하는 일이 무엇인지부터 찾아야 한다. 그것의 가치와 필요성을 부로 창출하는 1인 창업가가 되어야 한다. 1인 창업가가 되어 내가 직접 원하는 일을 기획하고 행할 수 있는 전문가적 능력을 갖추어야 한다.

나는 디자인 아이템을 개발하는 1인 브랜드 디자이너가 되고 싶다. 물론, 혼자의 힘으로 퍼스널 브랜드를 구축한다는 것은 쉬운 일이 아닐 것이다. 하지만 자신의 색깔과 흥미가 담긴 아이템을 가지고 있다는 것. 그것은 누군가로부터 강압적인 힘을 받지 않고도 자신의 열정과 의지로 끊임없이 정진할 수 있는 원동력이 된다. 즉, 스스로의 삶을 부단히 발전시키며 살 수 있다. 오로지 자신의 선택과 집중을 따르는 삶을 살 수 있다. 때문에 그 만족도는 이루 말할 수 없을 것이다. 나는 이렇게 자신의 가치관이 주체적 흐름이 되는 나다운 삶을 살아갈 것이다. 스스로의 행복을 스스로 만끽하며 살아갈 것이다.

우리는 일을 하면서 타인과 비교, 시기하기도 한다. 혹은 자신의 진짜 모습은 내려놓은 채 상대가 원하는 모습에 맞추어 가식적으로 행동하기도 한다. 그러고는 혼자일 때는 그런 자신이 도대체 누구인지 혼란스러워하며 힘들어하기도 한다.

하지만 1인 창업이란 자신과의 끊임없는 화합을 통한 자기계발 과정이다. 그리고 그 과정에 우리는 다른 누구와의 경쟁보다 자신에 대한 메시지에 더 귀 기울이며 살 수 있다고 생각한다. 또한 똑같은 시간에 출퇴근하며 시간적 제한을 받지 않아도 된다. 노동시간에 비례하는 임금이 아니라 일의 가치에 따라 수입이 정해지는 삶을 살 수 있다. 이는 우리의 삶의 질을 완전히 바꿔 놓을 수 있다. 그리고 그에 적합한 수익을 창출할 수 있다.

그렇게 되면 회사에 붙잡혀 하루에 8~10시간 일하지 않아도 된다. 시공간 제약 없이 단 4시간을 일하면서도 경제적 부를 성취할 수 있는 효율적인 삶을 살 수 있다. 뿐만 아니라 시간적 자유를 통해 균형 잡힌 여가생활을 즐길 수 있게 될 것이다. 일과 문화생활이 구분되지 않는 삶을 사는 것이다. 조화롭게 섞여 즐겁게 일하는 그런 삶을 사는 것이다. 이미 선진국에서는 시행되고 있는 문화이기도 하다. 여기서 가장 중요한 것은 일과 시간, 가치를 가지는 삶을 통해 진정한 행복을 느낄 수 있다는 것이다.

나는 매일 꿈꾸고 상상한다. 내 의견은 저편에 묻어 둔 채 상사의 지시에 따라 내 것도 네 것도 아닌 결과물을 내야 하는, 수직적 구조 속의 일개 직장인이 아닌 내 모습을. 나다운 디자인 브랜드로 많은 이들에게 필요성과 그 이상의 가치를 누릴 수 있게 해 주는 일을 통해 행복해하는 내 모습을. 아무리 야근을 해 가며 열심히 일해도 뭔가 채워지지 않는 허탈감을 느끼는 내 모습이 아닌, 스스로가 주체가 된 자기계발과 성취를 통해 부를 창출하고 시공간의 구애를 받지 않는 내 모습을. 좋아하는 일을 하며 하루하루가 즐거운 내 삶의 모습을.

실제로 과학적 측면에서 뿌듯함이나 행복감을 느낄 때 우리에게는 세로토닌과 아드레날린이라는 행복 호르몬이 분비된다고 한다. 그것들은 일의 능률을 높이고, 건강과 젊음을 가져다준다고 한다. 이것은 우리가 좋아하는 일을 하며 사는 것이 얼마나 중요한지 알 수 있는 근거가 되어 준다.

나는 특색 있는 나만의 아이덴티티를 가진 브랜드 창업가가 되는 것, 시간적 자유와 경제적 풍요로움이 주어진, 일과 삶이 조화된 행복한 삶을 사는 것, 그것이 하루하루를 즐겁게 살아가는 최고의 버킷리스트라고 생각한다. 시간과 부가 뒷받침되어야 내가 원하는 보다 더 큰 가치의 다른 버킷리스트들도 이루며 살아갈 수 있다고 생각하기 때문이다. 이를테면 나의 행복을 다른 많은 이들에게도 나누어 주고 베풀 수 있는 삶 같은 것 말이다.

동물보호를 위한
사회적 기업 만들기

윤리적 채식주의자, 환경보호&동물권 활동가, 작가

광고회사와 인터넷 전문 기업의 마케터를 거쳐 나이 마흔 살에 밀라노로 뒤늦은 패션 유학을 감행했다. 그러나 패션 산업을 위해 동물들이 치르는 희생을 알게 되고 나서 인생 노선을 또다시 변경했다. 1인 미디어를 이용한 비건 활동가가 되기 위해 준비 중이며 관련 책도 저술할 계획이다. 인간과 동물, 환경의 평화로운 공존을 위한 현실적인 대안을 모색하고 뜻을 같이하는 사람들과 공동체를 이루어 작지만 꾸준한 변화를 일궈 내는 것이 목표다.

나의 버킷리스트는 대부분 일상적인 소소한 즐거움들로 채워져 있다. '비 오는 날 고궁 산책하기'나 '세계 요리 100가지 도전하기', '조조 영화 혼자 보기'와 같은. 하지만 내게 가장 중요한 단 하나의 꿈을 꼽자면 바로 동물들을 돕기 위한 사회적 기업 만들기다. 안정적인 수입도 없이 당장의 생활비를 걱정해야 하는 현재로선 허황된 몽상에 지나지 않을지도 모르겠다. 하지만 중요한 건 그 꿈을 향해 어찌 되었건 첫발을 내딛는 것이 아닐까?

어린 시절 나의 동물사랑은 그다지 유별나지 않았다. 그저 길고양이들을 가족과 함께 돌보고 입양 보냈던 일, 생물시간의 살아 있는 개구리 실험이 너무 잔인해 양호실에 몰래 피신해 있었던 일, 가끔 학교 정문 앞에서 파는 병아리를 사 와 정성껏 돌봤던 일, 결국 병아리가 죽어 슬퍼했던 일 등. 그저 보통의 여자아이들이 흔히 겪는 정도의 통과의례를 치렀을 뿐이다.

하지만 내가 개인적으로 입양한 생애 첫 반려동물은 동물에 대한 나의 관점을, 그 폭과 깊이를 바꿔 버렸다. 그 작디작은 생명체는 예상보다 많은 노력과 시간을 들여야 했다. 그리고 나의 많은 것을 내어준 만큼 내게 특별한 존재가 되었다.

강아지나 고양이 외의 다른 어떤 종(種)도 인간과 깊은 교감을 할 수 있다. 인간의 언어를 사용하지 못할 뿐이다. 충분한 지능을 지닌 생명체로서 우리와 마찬가지로 고통과 즐거움, 우울함 등 다양한 스펙트럼의 감정을 지닌다. 나는 그 사실을 머리가 아닌 가슴으로 깨닫게 되었다. 무지한 건 어쩌면 인간이라는 생각이 들었다. 생존과 번식 이외의 목적으로도 다른 종을 도살하고 학대하고 멸종시키는 것은 오로지 인간뿐이니 말이다.

리얼리티 프로그램과 요리방송 등 한국의 방송매체에서 보여주는, 동물에 대한 인간들의 냉담하고 잔인한 태도는 매우 충격적이다. 생선과 해산물들은 산 채로 처참히 도살된다. 그런 조리 과정을 여과 없이 드러내 보여 준다. 여기에 더해 게스트는 "이야~ 맛있겠다!"라고 환호성을 지른다.

살아 있는 수천 마리의 곤충들이 믹서에 갈린다. 닭은 맨손에 도살된다. 낚싯바늘을 삼켜 고통에 몸부림치는 물고기가 산 채로 살점이 발린다. 그런 장면들을 클로즈업해 보여 준다. 나 아닌 다른 생명의 고통과 죽음에 우리는 무덤덤함을 넘어 희열을 느끼는 단계까지 온 것일까? 우리가 누리는 식탁 위의 즐거움은 과연 그것들의 생명과 맞바꿀 만한 가치를 지니고 있을까? 우리가 매일 쓰는 화장품이 고통스런 생체실험과 동물들의 죽음의 대가라는 사실을 사람들은 알고 있을까? 하찮은 동물로 태어났으니 어쩔 수 없다고 생각해야 할까?

방송에서 보여 주는, 동물에 대한 잔인함은 우리의 잔인함을 비추는 거울이다. 그리고 동시에 이 사회의 암묵적인 동의와도 같다. 반면 일부 사람들은 반려동물에 대해 과도한 애정을 보인다. 이에 비례해 거대하게 부풀려진 반려동물 용품 시장은 내게 매우 기이하게 느껴진다. 이 땅에서 보호받을 수 있는 권리를 가진 동물은 작고 어리고 귀여운 극소수의 반려동물들뿐이다. 그리고 변덕스러운 그들이 흥미를 잃으면 반려동물은 더 이상 생존권을 보장받지 못한다. 어른을 위한 동화 《어린 왕자》에서 사막 여우가 어린 왕자에게 말했듯 우리는 우리가 길들인 것에 언제나 책임을 져야 한다.

윤리적 채식주의자이기도 했던 마하트마 간디는 이렇게 말했다.

> "한 나라의 위대함과 도덕성은 그들이 동물을 대하는 태도를 보면 알 수 있다. 나는 나약한 동물일수록 인간의 잔인함으로부터 더욱 철저히 보호되어져야 한다고 믿는다."

독일의 유명한 철학자 칸트 역시 "동물을 대하는 태도를 보면 그 사람의 본성을 알 수 있다. 동물에 대해 잔인한 사람이라면 사람에 대해서도 그럴 수 있기 때문이다."라고 말했다.

악명 높은 연쇄 살인범들이 보통 동물을 학대하고 살해하며 어린 시절을 보낸다는 것은 잘 알려져 있다. 타 생명체의 고통에 대한 무감각함은 단지 동물들을 희생시키는 것만이 아니다. 각종 범죄와 폭력 등 인간사회의 문제로 이어진다.

내가 동물보호에 관심을 보이는 이유는 열성적인 동물권 행동가여서가 아니다. 고통 받는 동물들의 막막하고 참혹한 현실이 괴로워서다. 그래서 그들이 더 이상 고통 받지 않도록 근본적인 변화를 만들어 내는 데 작은 역할을 하고 싶다. 그런 면에서 무하마드 유누스의 사회적 기업 설립에 관한 이야기는 내게 큰 영감을 주었다. 저소득층을 위한 그라민 은행의 무담보 대출은 그의 돈 27달러에서 시작되었다. 하지만 오늘날 전 세계 빈곤계층의 경제적 자립에 큰 발판이 되고 있다.

사회적 기업은 부의 극대화를 추구하는 일반적인 영리기업과는 다르다. 사회적 가치 창출에 집중하기 때문이다. 따라서 기업 활동에 있어서 가치 중심의 의사결정이 가능하다. 정부의 지원에 의존하지 않기 때문에 관료주의로부터도 자유롭다. 다만 정부의 도움 없이 시장경제 안에서 치열하게 살아남아야 한다는 점이 과제다. 단지 가격이 저렴해서가 아닌, 윤리적으로 올바른 제품을 선택할 줄 아는 성숙한 시민의식에 기대야 한다는 점이 쉽지 않은 과제다. 소비자들에게 올바른 선택 기준도 주어야 한다. 그러기 위해 마치 식품의 HACCP 인증과도 같이 반려동물 용품의 안전성을 정부가 책임지는 인증 마크 제도와 검역 관리도 필요하다.

값싸고 유해한 저가 제품이 아닌, 반려동물에게 안전하고 윤리적으로 올바르게 생산된 제품으로 이윤을 창출하는 사회적 기업이 생겨났으면 한다. 그리고 그 이윤을 다시 도움이 필요한 동물들과 제품의 품질 향상을 위해 재투자하는 사회적 기업이 각 분야에서 생겨났으면 한다. 기업의 가치관에 공감하는 소비자라면 단순히 제품의 구매에 그치지 않을 것이다. 마케팅, 홍보, 제품 피드백, 제품 개발과 동물 권익 보호를 위한 캠페인까지 보다 적극적으로 참여하게 될 것이다.

단지 반려동물의 복지뿐만이 아니다. 농장동물들, 실험동물들의 고통을 줄이고 더 나은 삶을 제공하는 것도 중요하다. 잔잔하지만 거대한 그 변화의 물결에 작지만 윤리적인 사회적 기업을 통해 동참하고 싶다. 동물이 더 이상 착취당하거나 고통 받지 않는 세상. 동물과 사람이 평화롭게 공존하는 세상이 반드시 올 것이라 믿는다.

1%의 크리에이티브한
삶 살기

직장인, 크리에이트 기획자, 객원 기자, 작가, 독서지도사
노마드 라이프에서 삶의 목표와 의미를 찾고자 사이드 프로젝트(side project)를 실행하고 있다. 사이드 프로젝트로써 블로그
'개인주의자의 행복라이프', '작가동안', 유튜브 채널, 자기계발 커뮤니티 '얼리버드'를 운영한다.

시골의사 박경철 저자가 한 대학교 강연에서 했던 말이 아직도
귀에 맴돈다.

> "이 세상은 0.1%의 창의적 인간이 다른 사람이 보지 못한
> 것을 보고, 다른 사람이 생각하지 못한 것을 꿈꾸고, '여기가
> 새로운 세상이다'라며 깃발을 꽂으면 0.9%의 통찰력과 직
> 관을 갖춘 안목 있는 인간이 그것을 알아보고 거기에 뛰어
> 들어서 한 배를 타고 이뤄 낸 1%의 역사다. 나머지 99%의

> 인간은 1%가 바꿔 놓은 세상을 바라보며 '세상 참 좋아졌네'
> 라고 이야기하는 존재, '잉여인간'이다. 단순히 먹고 싸는 유
> 기물 같은 존재라는 말이다."

저명한 경제학자이자 문명비평가인 제레미 리프킨의 유명한 '잉여인간' 개념이었다.

나는 이 이야기를 듣고 지금껏 살아오면서 느꼈던 모든 감정을 머리 깊숙이 쏟아부어 버릴 만큼의 깨달음을 얻었다. '네가 아무리 좋은 직장을 가지고 많은 돈을 벌 수 있다고 해도 1%의 인간이 되지 못한다면 그저 잉여인간일 뿐이야'라고 말이다. 그동안 내가 생각했던 인생의 계획과 의미는 쓰나미처럼 한순간에 쓸려가 버렸다.

나는 정신을 차리고 지금이라도 내가 무엇을 해야 되는지 찾기 시작했다. 내가 0.1%의 타고난 창의적인 인간이 아닌 것만은 확실했다. 그러나 99%의 잉여인간으로 살아가야 한다는 것은 더더욱 인정하기 싫었다. 어떻게든 0.1%의 인간들을 알아볼 수 있는 통찰력과 직관을 갖춘 0.9%의 인간이 되어야만 한다. 그런 내 안의 외침이 꿈틀거리기 시작했다.

오래전 만난 이 강연은 나의 가치관을 바꿔 줄 만큼 의미가 컸다. 남들처럼 취업 시험을 준비하다 몇 번의 실패를 경험하고 좌절

했을 때 힘이 되어 주기도 했다. 또한 내가 보지 못한 새로운 세상을 보여 줬다.

크리에이티브(creative) 분야에 대한 이해가 전혀 없던 어릴 적 나는 크리에이터(creator)의 좋은 영향력이란 것이 완벽하게 이해되진 않았다. 하지만 어떤 의미인지는 조금 알았던 것 같다. 어린 시절 '사람이 미래다'와 같은 TV 광고 시리즈가 나올 때면 집중해 봤다. 감동해 가슴이 두근거렸다. '영상 하나가 사람에게 좋은 생각을 심어 줄 수 있구나'라는 것을 느꼈다.

카피라이터 정철 님의 책과 카피들을 보기도 했다. 그러고 있노라면 그로부터 비롯된 멋진 카피들이 내 눈앞까지 튀어 올라오곤 했다. 그러곤 '난 어때?'라고 자랑하듯 묻곤 멋지게 사라져 갔다. 그렇게 부러울 수가 없었다.

그뿐만이 아니다. 기획자들의 번뜩이는 책, 글, 사진, 영상, 그림, 아이디어들을 보면서 존경심과 경외감을 느꼈다. '분명 저 사람들은 보통 사람보다 더 고차원적인 존재인 게 분명해'라고 생각했다. 그러면서 기발한 아이디어를 만들어 내는 사람들의 머릿속 생각창고가 궁금하기도 했다. 분야를 가리지 않고 나에게 영감을 주는 모든 크리에이티브한 생각들은 '나의 인생도 그 안으로 뛰어 들어가야 된다'라는 생각을 가지게 해 주었다.

활자중독에 빠져 엄청난 서적을 사들이는 책 수집광이 되는 것. 인생 기록을 위해 사진을 찍고 의미를 부여하는 것. 사람들에게 즐거움과 조금의 도움을 주는 영상을 만드는 것. 긍정적인 영향을 주는 크리에이터들의 특별한 모임. 좋은 영향력을 전달하는 메신저로서의 인생. 이것이 나를 크리에이티브한 인생으로 안내하는 모든 것이다.

사람은 살면서 세 가지를 먹고 산다고 한다. 첫째로 '공기', 둘째로 '음식', 마지막으로 '감동'이라고 한다. 내가 만나게 되는 크리에이티브한 생각들은 나에게 언제나 마지막 요소인 감동을 느끼게 해 준다. 그래도 나는 살면서 필요한 세 가지를 내가 존재하는 언제 어디서든 느끼며 산다.

앞으로 디지털 노마드는 하나의 사회현상으로 자리 잡을 것이다. 원하는 시간에 다양한 곳에서 일하며 살고자 하는 욕구와 발전된 디지털의 만남. 이 둘은 필연적이고 불가분의 관계가 되었다. 결국 크리에이터 시대가 된다는 것과 다름없다.

이 시대적 흐름에서 나는 내가 0.1%가 아님을 분명하게 안다. 그러나 통찰력을 가진 0.9%가 되기 위해 어제보다 오늘 더 노력하는 사람인 것도 분명하다. 나는 앞으로 나에게 이루어질 것들에 대해 희망을 품고 살아갈 수 있는 존재라는 것을 안다.

어느덧 인생의 무게감을 조금씩 느끼는 나이가 되었다. 그럼에도 불구하고 인생의 무게 앞에 겁이 나 도전하지 못하는 사람이 되고 싶지는 않다. 현실에 안주하며 미래를 준비하지 않는 사람이 되는 것을 차라리 두려워하겠다. 항상 배우고 발전을 통해 감동하는 삶. 1%를 향한 나의 크리에이티브한 삶 속에서 나와 가족 모두에게 도움이 되기를 바란다.

작은 변화로
일상 바꾸기

LG U+ 네트워크 엔지니어, 변화 경영 전문가

LG U+ 네트워크 엔지니어로 재직 중이다. 전국 기업용 인터넷 네트워크를 담당하고 있으며, 현재 변화의 움직임을 주제로 개인저서를 집필 중이다.

평생을 욜로(You Only Live Once; '인생은 한 번뿐이다'라는 뜻)족, 자유인처럼 사는 게 나의 라이프 스타일이었다. 늘 그래 왔듯이 내가 하고 싶은 것들을 즐기며 사는 게 내 전부였다. 그렇게 시간이 흘렀다. 그러다 30대 초반이 되었다. 나는 문득 결혼이란 것을 고민하게 되었다. 고민 끝에 안 하는 것보다 해 본 후 후회하는 게 낫다는 결론을 내렸다. 그렇게 지금의 아내를 만나 연애를 시작했다. 연애하고 결혼하다 보니 자연스레 아이까지 생기게 되었다. 태어나서 처음으로 내 삶을 어떻게 살아가야 할지 고민하게 되었다. 그 고민 때문에 몇 달을 잠들기가 힘들고 괴로웠다.

한 가정의 가장이 된다는 건 평범함을 떠나 나에게 또 다른 숙제가 되어 버렸다. 내 삶의 모든 게 바뀌어 버렸다. 내 삶의 제2막은 이렇게 시작되었다. 레오나르도 다빈치는 다음과 같이 말했다.

> "때때로 먼 곳으로 떠나 긴장을 풀고 충분히 쉬어라. 다시 일로 돌아왔을 때 판단력이 명확해질 것이니. 일에 끊임없이 매달려 있으면 판단의 힘을 잃게 되기 때문이다. 먼 곳으로 떠나라. 일이 더 작아 보이고 더 많은 부분이 한눈에 들어오고 조화를 이루지 못하고 있거나 균형을 이루지 못한 것이 더 쉽사리 눈에 띄기 때문이다."

바쁘게 열심히 살아가는 과정에 내 아이에게 밉보이지 않게 살아가리라 다짐했다. 나만의 생각의 주관을 가지고 멀리서 내 인생을 되돌아보면서 깨달았다. 자동차를 빠르게 내달리면 주위의 풍경을 볼 수 없다는 걸. 자전거를 타거나 천천히 걸어가야 내가 뭘 보고 변화해야 하는지 알 수 있다는 걸.

지금으로부터 약 100여 년 전 "아무리 사소한 생각이라도 예외 없이 두뇌의 구조를 변화시켜서 흔적을 남긴다."라는 놀라운 통찰을 한 사람이 있다. 바로 1875년 최초로 하버드 대학의 심리학 전담 교수가 된 윌리엄 제임스 교수다. 나중에는 철학과 교수가 되어 미국 실용주의 철학을 정립한 것으로 유명하다. 다음은 그의 말이다.

> "아주 사소한 생각조차 영향을 미쳐 뇌 구조를 바꾼다. 생각 하나하나가 뇌 구조를 쉬지 않고 바꾼다. 좋은 생각이든 나쁜 생각이든 뇌에 배선을 만든다. 같은 생각을 여러 번 반복하면 습관으로 굳어 버린다. 성격도 생각하는 방향으로 바뀐다. 그러니 생각을 원하는 방향으로 바꾸고 그 상태를 단단히 유지해 새로운 습관을 들여라. 그러면 뇌 구조가 거기에 맞게 변형될 것이다."

지금은 고인이 된 스티브 잡스. 그가 창의적인 발상을 위해 1년에 2주 동안 생각의 시간을 가졌다는 것은 익히 알려져 있다.

나 또한 그런 방법과 비슷하게 나의 하루에 대해 생각을 가져 봤다. 24시간을 어떻게 활용해야 내가 지치지 않고 변화할 수 있는지 점검해 보기로 했다. 내가 찾은 해결책은 '시간이 없다'에서 '시간을 찾아보자'였다. 늘 무엇을 하려고 계획하면 바쁘다는 이유로 금세 포기하고 지치게 마련이다. 그런 만큼 생각 하나의 차이가 내 하루의 전체를 바꿀 수 있다는 걸 시도해 보기로 했다. 하루 중 불필요한 시간들을 과감히 제거했다. 그리고 남는 시간들 동안 책을 읽고 블로그에 한 꼭지의 글을 쓰기 시작했다. 단지 작은 시작이었다. 그러나 그 작은 시작은 내게 큰 변화를 가져다주었다.

예전에 책에 잠깐 미쳐 있었던 적이 있었다. 에디슨처럼 도서관을 통째로 삼킨 것은 아니었다. 그저 자기계발 서적에 빠졌었다. 그 때를 기억하며 나는 다시 한 번 책을 파헤쳐 보기로 했다. 예전에는 책을 수박 겉핥기식으로 권수를 채우는 데만 급급했다. 무리한 목표를 세우고 이해하지도 못한 채 읽기만을 반복했다. "겉멋이 들었다"는 말이 정확한 표현일 정도였다. 때문에 책을 읽어도 남는 것이 없었다. 나는 또다시 생각에 잠기게 되었다. 나를 변화시키기 위해 어떻게 읽어 나가야 하는지 파악하는 게 중요했다. 읽고 또 읽었지만 에베레스트 산을 등정하듯이 고된 날의 연속이었다.

나는 변화를 위한 카드로 나에게 독서가 맞는 건지 의문이 들었다. 그러나 선택의 여지가 없었다. 나는 책을 읽고 또 읽었다.

누구에게나 하루 24시간이 주어진다. 누구에겐 짧고 누구에겐 많은 것을 이뤄 낼 수 있는 시간이다. 이에 대한 고민부터가 내가 해결해야 할 부분이었다. 어영부영 보내 버리는 5~10분의 자투리 시간부터 잠들기 전의 1~2시간, 새벽에 조금 일찍 일어나서 챙기는 1~2시간. 이런 시간들을 모아 봤다. 그러자 하루에 쓸 수 있는 여유시간이 4시간 정도 생겼다.

나는 누군가에게 방해받지 않고 오로지 나를 위해 쓸 수 있는 이 시간에 책을 읽고 글을 조금씩 써 보기 시작했다. 처음에는 너무 힘들었다. 이런 시간을 견디고 보내야 하는 나 자신에 대한 확신조차 없었다. 과연 해야만 하는지 수백 번 포기하고 싶은 마음이었다. 하지만 나는 견뎌 내야만 했다. 나에게 주어진 마지막 도전이란 생각이 용솟음치고 있었기 때문이다. 외면해 버리기엔 너무 간절했다. 다음은 인스타그램에서 활동하는 은정 작가가 쓴 문구다.

> **"계절이 바뀌면 옷차림에 변화가 생기고, 감정이 바뀌면 일상에 변화가 생긴다."**

요즘 나는 생각이 바뀌면 내 삶의 전체가 바뀐다는 걸 알아 가는 중이다. 또한 생각에만 그치는 것이 아니라 행동이 뒷받침해줘야 한다는 것도 깨달았다. 그리고 바뀐 생각과 행동으로 변화된 삶을 온몸으로 느껴야 한다. 그래야 진정 나 스스로가 앞으로 나아갈 수 있다는 걸 깨달을 수 있다.

작은 변화는 내 일상을 바꾼다. 따라서 내 삶의 패턴을 바꾸기 위해 생각에만 그치는 것이 아니라 행동으로 이끄는 계기를 만들어야 한다. 그러면 분명 삶 전체가 바뀔 것이다.

외국 친구들과
크리스마스 파티 해 보기

사무직 직원, 리포터
언론사에서 사무직 일을 했고 이후 리포터 일을 했다. 현재 강사라는 새로운 꿈을 위해 노력하고 있다. 고등학생 때, 월간지 《좋은생각》에 공동저자로 참여한 이력이 있다.

어렸을 때의 나는 외국 영화를 보면서 산타클로스 할아버지의 모습이 매우 멋지다고 생각했었다. 그리고 우리나라와는 다른 외국 특유의 크리스마스 분위기를 보면서 저러한 파티에 꼭 참여해 보고 싶다는 생각을 하곤 했었다. 좀 더 화려하고 자유로운 분위기에 마음이 밝아지는 느낌이 들었기 때문이다. 또한 하이틴 영화나 서양권의 영화들을 보아도 그들만의 특유의 느낌을 느낄 수 있었다. 어른들의 화려함이 아닌 아이들의 화려함이라는 것이 있다면 바로 그러한 분위기가 아닐까. 어렸을 때부터 나는 외국의 특유의 분위기를 조금씩 동경했던 것 같다.

물론 우리 집에서도 크리스마스트리를 꾸미고 부모님에게서 크리스마스 선물을 받곤 했었다. 그리고 크리스마스이브가 내 생일이라서 나는 더욱 신나는 기분이 들곤 했다. 그래서인지 크면서도 크리스마스에는 늘 신비한 기분이 들었다. 마음속으로 바라 온 작은 소원들이 이루어지는 일도 있었다.

어른이 되어서도 크리스마스가 다가오면 설레는 기분이 든다. 사람들은 왜 동심을 좋아할까? 걱정 없이 소원을 이야기할 수 있기 때문이 아닐까. 크리스마스를 좋아하는 이유도 바로 그러한 시절로 돌아가는 기분을 느낄 수 있기 때문일 것이다.

아직 나는 유럽을 가 본 적이 없다. 하지만 독일이나 영국에서 크리스마스 파티를 해 보고 싶다. 영화로만 보던 그들의 문화를 엿보고 싶은 마음도 있다. 새로운 곳에서 맞는 특별한 날은 어렸을 때 보았던 영화와는 또 다른 느낌을 줄 것이다.

새로운 사람들과 만나서 이야기해 보고 싶다. 다른 나라 사람들은 어떤 생각을 가지고 살아왔는지, 어떠한 성격을 갖고 있는지 궁금하기 때문이다. 또한 사람의 성격이 얼마나 다양한지 궁금하기 때문이다. 그날만큼은 특별한 옷을 입고 참여해 보고 싶은 마음도 있다.

외국의 크리스마스 파티에 대해서 알아봤다. 그랬더니 3개월 전부터 준비하는 경우도 있다고 한다. 그때부터 파티에 올 사람들에게 초대장을 보내는 것이다. 회사 같은 특정한 단체의 사람들끼리 파티를 여는 경우도 있고 여행객이나 새로운 사람들이 모이는 파티도 있다고 한다. 그러한 경우에는 나이와 성별, 직업을 불문하고 친구가 되어 이야기한다고 한다. 예를 들어, 어린 학생과 나이 많은 할아버지가 친구가 되기도 한다는 것이다. 나는 이처럼 인간 대 인간의 만남을 가져 보고 싶다.

나 역시 평소에는 평범한 일상을 보낸다. 하지만 마음속 한구석에는 마음 편히 사람들과 이야기하면서 새로운 것들을 알아 가고 싶은 소망이 있다. 그 속에서도 마음이 편해질 수 있다면 새로운 순간을 찾을 수 있을 것이다. 그렇게 인간적인 유대를 쌓아 가는 기쁨은 좀 더 특별할 것 같다. 그것은 이제까지와는 다른 방식의 소통이기도 하기 때문이다.

나는 새로운 사람들과 이제까지 살아온 인생이나 어떠한 생각을 했었는지 등을 이야기하면서 내 인생에 대해 생각해 보고 싶다. 또한 다른 나라 사람들의 인생에 대해서도 생각해 보고 싶다. 나의 고민이나 걱정 또는 기쁨을 다른 나라 사람들의 그것들과 비교해 보고 싶다. 그 속에서 공통점을 찾아내면 기쁠 것이다. 그리고 걱정 역시 나 혼자만의 문제가 아니라는 것을 알면 마음이 편안해질 것이다. 다른 나라 사람들은 기쁨과 슬픔에 어떻게 대처하는지 궁금하기도 하다. 그러고 보면 그들에게서 배우고 싶은 삶의 방식이 있는지도 모르겠다.

사람들이 크리스마스 파티를 하는 이유는 무엇일까. 그날만큼은 자신이 가진 모든 짐들과 걱정을 내려놓고 싶은 마음 때문이 아닐까. 그것은 나의 입장에서도 내가 가진 한계와 선입견을 없애고 다른 사람뿐만이 아니라 나 자신을 허용한다는 의미이기도 하다. 그래서 조금 더 새로운 곳에서 특별한 날을 맞이해 보고 싶은 것이다.

나는 외국에서 크리스마스를 보내면서 동경해 왔던 분위기를 느끼고 싶다. 새로운 사람들과 맛있는 음식과 케이크를 먹으면서 노래도 부르고 싶다. 또한 춤도 추면서 파티의 분위기를 느껴 보고 싶다. 어렸을 때부터 동경해 오던 화려함이라는 것을 느껴 보고 싶다.

15 - 28

조노을 엄지현
김근수 배승빈
신정호 이유리
박청곤 이현주
이승환 박미영
김수경 임미영
배동국 윤은성

아이의 마음에 옷을 입히는 이야기꾼 엄마 되기

외국인 대상 한국어 자원봉사자, 독서 논술 지도사, 놀이 지도사
언론사 편집부, 학원 강사를 하면서 자원봉사를 꾸준히 해 오다 엄마가 되었다. 아이들의 엄마 역할에 전념하다 최근에 아이와 함께할 만한 자원봉사를 찾고 있다. 현재 그림책 작가라는 새로운 꿈을 그려 가고 있다.

비슷한 또래의 아이를 키우는 엄마들이 서로의 고충을 털어놓고 자신을 돌아보는 집단 심리 상담 수업을 들은 적이 있다. 서로의 마음을 들여다보며 힘을 나누던 어느 날이었다. 진행자 선생님이 백지 5~10장 정도를 우리에게 나눠 주었다.

"오늘은 점과 선만으로 감정 그림을 그릴 거예요. 지금부터 제가 말하는 감정에 맞추어 그림을 그려 보세요. 한 장당 하나의 감정을 표현하는 겁니다."

기쁨, 분노, 슬픔, 행복들이 단 몇 초 만에 각자의 종이에 새겨졌다. 잠시 후 우리는 선생님의 지시대로 서로의 그림을 전부 섞어 똑같이 나눠 가졌다.

"그림들의 순서를 정해 나만의 이야기를 만들어 보세요."

저마다의 이야기와 무게를 가진 우리의 마음결이 하나둘 모여 그렇게 한 편의 이야기가 되었다. 내 이야기의 제목은 '동굴'이었다.

"바닷가에 비단조개 하나가 있답니다.

(어떻게 비단조개를 생각했어요?)

하늘에서 빛이 한 줄기 쏟아져요.

(나의 슬픔이 빛이 되다니…)

땅에 떨어진 빛이 예쁘게 춤을 추기 시작하네요.

(너의 분노가 아름다운 춤이 되고)

"나랑 같이 놀래?" 빛에게 물었어요.

잠시 후 '펑펑!' 예쁜 불꽃으로 대답하는 빛.

불꽃은 작은 별 조각이 되어 흩어졌어요.

나는 여러 곳을 여행하며 많은 친구들을 만났지.

때론 힘들고 때론 외롭고 때론 슬펐지만 그래도 난 즐겁게 여행을 계속할 거야.

이제 너도 같이 가자!

빛을 따라갔을까요?

비단조개는?"

단 몇 분 만의 이 재미있는 경험 이후 나에게는 특별한 능력이 생겼다. 어떤 그림을 봐도 머릿속에서 이야기가 만들어지는 것이다. 나는 아이의 그림을 들여다보다가 이런 능력으로 갑자기 짧은 동화를 만들어 내기도 한다. 전단지를 보다가 우스꽝스러운 이야기 한 편을 뚝딱 만들어 내기도 한다.

"우리 엄마는 좀 이상해요. 막 웃기는 이야기를 만들어 내요."

엄마에 대한 아이의 이런 소개가 자랑처럼 들리는 건 나만의 착각일까? 얼마 전, 아이가 어렸을 때부터 그린 그림들을 정리하다가 문득 '우와, 내 책의 삽화가는 정해졌네'라는 생각이 들었다.

"엄마가 글 쓰면 우리 가을이가 꼭 그림 그려 줄 거지?"

아이는 평생 헤어 나올 수 없는 노예 계약인 줄도 모르고 천진하게 대답했다.

"그럼, 그럼. 아주 예쁘게 잘 그려 줄게요."

하지만 이내 '아이에게도 무료 스토리 작가가 생긴 거 아닌가? 누구에게 노예 계약인지 잘 모르겠는걸?'이라고 생각했다.

나는 어릴 때부터 책 읽는 걸 좋아했다. 어떤 이야기든 그대로 옮겨 들려주는 걸 좋아했다. 때문에 자연스럽게 문학을 전공했다. 아이들에게 글쓰기를 가르치기도 했다. 나만의 글을 쓰고 싶다는 생각은 누구에게나 있는 꿈이지 싶다. 아이가 생기면서 나는 어릴 때보다 더 많이 그림책을 읽는다. 아이를 위해서가 아니라 나를 위해 그림책을 사기도 한다.

언젠가 나는 어떤 작가의 원화 전시회에서 그림을 읽게 되었다. 그러다가 전혀 다른 나만의 이야기를 만들어 보는 짜릿한 경험을 했다. 초경을 막 시작하는 여자아이의 마음을 표현한 그림이었다. 그 그림을 보며 이제 막 두 돌이 지난 딸아이의 미래보다 먼 과거의 당황스러워하던 내가 먼저 떠올랐다. 마음이 뭉클해지며 이야기 한 구절이 떠올랐다. 아마 나의 첫 책 제목이 되지 않을까?

'자전거 타기'

뒤에서 붙잡아 주던 부모님이 어느 순간 손을 놓아 버리면 놓아준 줄도 모르고 앞으로 계속 나아간다. 나중에 뒤에 아무도 없다는 걸 깨닫는 순간 내가 할 수 있는 건 두 가지다. 계속해서 앞으로 나아가거나 넘어지는 일. 그렇게 우리는 어른이 된다.

동화든 소설이든 나의 첫 번째 책 제목은 이렇게 정해졌다.

'자전거 타기'

그러나 나는 자전거를 탈 줄 모른다. 내가 죽기 전에 꼭 하고 싶은 일이 하나 더 늘었다. 아이의 그림만으로 이야기 작가 되기. 또는 아이에게 그림을 배워 나만의 그림책 작가 되기. 그전에 꼭 자전거를 배워 '자전거 타기' 완성하기.

돈 버는 시스템
구축하기

강연가, 자기계발 작가, 동기부여가
현재 의료기기 업체에서 품질 관리사로 근무 중이다. 앞으로 작가로서, 강연가로서 많은 사람들에게 긍정적인 동기부여를 해 줄
예정이다.

나의 부모님은 24시간 편의점을 운영하신다. 두 분은 하루종일
일해 번 돈으로 자식들의 생계를 책임지며 학비를 대 주셨다. 지금
도 생계를 위해 종일 일하고 계신다.

내가 어릴 적부터 부모님은 쉴 틈 없이 일해 오셨다. 그리고 아
직도 나와 내 동생을 책임지고 계신다. 언니는 결혼했다. 나와 내
동생은 일하고 있다. 하지만 우리의 삶은 예전과 크게 달라지지 않
았다.

나는 스물아홉 살이다. 스물일곱 살에 한 중소기업에 입사해
줄곧 근무해 왔다. 각종 뾰루지와 불면증, 불안함을 달고 살며 생

계를 위해 밥벌이를 하고 있다. 나는 수줍음이 많고 내성적이다. 그런지라 여러 사람 앞에서 말하는 것을 매우 힘들어한다. 또한 의존성이 강해서 회사에서든 연인관계에서든 상대방 눈치를 많이 본다. 그만큼 앞에서 주도하는 삶이 아닌, 뒤에서 움츠리고 이 사람 저 사람의 눈치를 보며 침묵하는 삶이 나에겐 익숙하다.

나는 어느 집단에서든 투명인간과 비슷하다는 소릴 들었다. 이렇게 된 이유는 무엇일까. 집안 환경을 이유로 들 수 있을까. 학창 시절 힘들게 나간 반장 선거에 무참히 떨어진 것을 이유로 들 수 있을까. 3년간 공무원 시험에 낙방한 것도 나 스스로 당당해지지 못하는 충분한 이유가 될 수 있을까.

나는 부모님의 삶 그리고 내 삶을 행복하게 만들고 싶다. 종일 일해도 나아지지 않는 삶, 남들 앞에서 당당하지 못한 삶, 주눅 들어 있는 삶을 이제는 정말 변화시키고 싶다.

그래서 나는 부자에 관한 동영상, 부자의 습관, 부자의 생각, 부자의 재테크에 대한 책을 읽었다. 하지만 어떻게 해야 할지 아직도 모르겠다. 망설이고만 있다.

언젠가 동영상을 봤다. 거기에는 주식의 귀재 워런 버핏과 중동의 여러 부자들은 일상생활을 영위하는 순간에도 수익을 창출한다는 내용이 있었다. 바로 여기에서 빈자와 부자의 차이가 생겨나는 것이라고 했다.

그렇다면 부자가 되는 방법은 무엇일까? 무형의 자산을 만들라는 것이다. 마이크로소프트사의 빌 게이츠도 그러했고 주식의 귀재 워런 버핏도 그러했다는 것이다. 하지만 너무 불분명했다. 구체적인 방법을 알고 싶었다.

그래서 찾아낸 게 부자의 습관이었다. 흐름을 보고 현실을 직시하며 하루 일과를 빠짐없이 기록하고 반성해야 한다는 것이었다. 꼼꼼해져야 한다는 것이다. 그리고 자신의 강점과 약점을 파악해 자산을 축적하고 그 자산을 굴리고 또 굴려야 한다고 했다.

무형의 자산은 나의 가치를 높이는 것과 일맥상통하는 것 같다. 나는 내 삶을 변화시키고 싶다. 그래서 나의 부모님, 더불어 내 주변의 모든 사람들과 함께하는 행복한 사회를 만들고 싶다. 그러기 위해서는 스스로의 가치를 올려야 한다는 사실을 알게 되었다.

일상생활을 영위하는 순간에도 돈을 버는 시스템을 구축해야 한다. 그리고 그러기 위해서는 나의 가치를 올려야 한다. 그렇게 해서 부모님과 세계여행도 가고 나 스스로도 당당해질 것이다. 그럼으로써 많은 사람들 앞에서 내 이야기를 할 수 있는 엄지현이 될 것이다. 돈 많고 부유하고 예쁘고 당당한 엄지현이 될 것이다!

부부 코치 아카데미
〈부부졸업학교〉 설립하기

직장인, 부부 코칭 전문가, 직장인 행복 멘토, 결혼생활 전문가, 작가, 동기부여가

중소기업에 다니는 직장인으로, 꿈을 이루기 위해 보험영업, MBA 등 다양한 분야를 경험했다. 앞으로 부부 행복 코치로서
예비부부와 결혼생활을 힘들어하는 부부들에게 도움을 주고자 한다. 저서로는 《보물지도 16》이 있으며, 현재 '행복한 결혼생활의
조건을 주제로 개인저서를 집필 중이다.

나는 충남에 위치한 작은 시골마을에서 태어났다. 내가 태어날
당시만 해도 지금처럼 남녀평등이 보편화되지 않았었다. 적어도 우
리 마을은 그랬다. 어머니가 누나를 낳자 할머니는 가문의 대를 이
을 아들도 당연히 낳아야 한다고 하셨다. 그러면서 아들 낳을 부
적을 베개 밑에 깔고 자게 하시거나 이상한 즙을 사서 드시게 하셨
다고 한다. 그렇게 어머니에게 시집살이를 시키셨다고 한다. 그러던
중 어머니는 나를 가지셨다. 그러곤 심한 하혈로 목숨까지 위태로
운 상황을 겪으면서 나를 낳으셨다. 그런 만큼 나는 어릴 적 할머
니의 무한한 사랑을 받으며 귀하게 자란 편이었다.

내가 그녀를 만난 것은 대학 졸업 후 첫 회사에 입사한 때였다. 당시 회사의 회계업무를 담당하시던 분의 소개로 만나게 되었다. 나는 그녀의 맑고 예쁜 눈에 빠져들었다. 정말 세상에서 그렇게 순수하고 맑은 눈을 가진 사람은 처음 보았다. 나는 그녀와 2년 교제 후 결혼하게 되었다.

우리는 그렇게 '자기야'에서 '남편, 여보'로, 그리고 '하정 아빠, 하정 엄마'로 호칭이 바뀌었다. 그렇게 여느 부부들처럼 평범하게 예쁜 딸을 키우며 7년의 시간을 함께 살아가고 있다. 연애에서부터 신혼 초까지는 정말 행복한 나날들이었다. 하지만 점점 서로의 단점이 보이기 시작했다.

아내는 나에게 '답답한 사람, 고지식한 사람, 말이 안 통하는 사람, 여자를 하나도 모르는 사람'이라는 말을 자주 했다. 나는 아내에게 '의지가 없는 사람, 감정이 들쑥날쑥한 사람, 남자를 모르는 사람'이라고 말하기 시작했다. 그렇게 부부간의 신뢰와 사랑이 빠르게 식어 가기 시작했다.

나는 회사일이 바쁘다는 핑계로 부부문제를 등한시했다. 부부관계는 더욱 안 좋아지기 시작했다. 하루는 야근 후 밤늦게 집에 들어갔는데 거실에 아내가 있었다. 아내는 나를 보자마자 눈물을 흘리면서 "나 좀 살려달라."라고 했다. "나는 아직 당신을 사랑하는데 왜 이렇게 삶이 힘들고 죽을 것 같은지 모르겠다."라고 말했다. 심장이 계속 뛰고 감정조절이 안 된다는 것이었다. 순간 무서운 생각이 엄습해 왔다. 기사에서나 접했던, '우울증으로 인해 자살한 사례들'이 뇌리를 스치고 지나갔다.

그 순간 나는 정신이 번쩍 들었다. '이렇게 계속 살다가는 우리 가족이 정말 위험하겠구나'라고 생각했다. 그리고 우리 가족의 문제점들을 하나씩 고쳐 나가게 되었다.

처음에는 부부관계 심리연구소나 정신과를 찾아가려 했다. 하지만 아내의 반대로 상담을 미루게 되었다. 그래서 나는 부부 감정 코칭에 대한 책을 닥치는 대로 읽고 정리했다. 그러면서 우리 부부의 문제점과 그 문제점을 해결하는 방법 등을 알게 되었다. 그러곤 그것을 일상에서 적용해 보기 시작했다.

그 결과, 새로운 시각으로 서로를 바라보는 눈이 생기게 되었다. '틀리다'에서 '다르다'라는 인식을 서로 갖게 되었다. 그러자 여러 가지 부부 사이의 문제점이 해결되어 가기 시작했다. 이를 통해 부부관계는 서로의 배려와 이해만으로 해결할 수 없다고 생각하게 되었다. 체계적인 인식 변화 시스템과 꾸준한 관리가 필요한 서비스 시스템이 있어야 한다고 생각하게 되었다.

우리나라의 이혼율은 매년 높아지고 있다. OECD 국가 중 전체 9위, 아시아권에서는 1위라는 불명예를 기록하기도 했다. 그중 대부분이 결혼한 지 3년이 채 안 된 부부라고 한다. 어쩌면 가장 가까운 핏줄보다 더 가까운 존재가 부부다. 그런데 이렇게 중요한 결혼이란 삶이 3년 만에 끝나는 것이다. 그 점은 사회와 국가 차원에서도 매우 심각한 문제가 아닐 수 없다.

그래서 나는 그간의 경험을 바탕으로 〈부부졸업학교〉를 세우려고 한다. 우리나라의 게리 채프먼 같은 사람이 되려고 한다. 채프먼 박사는 세계적인 부부상담 전문가다. 70세가 넘은 나이임에도 미국 전역은 물론 세계 각지를 돌면서 결혼과 가정, 인간관계에 대한 강연을 하고 있다. 그분의 대표 저서 《5가지 사랑의 언어》는 매년 판매부수가 늘어나는 스테디셀러다. 그 외에도 그는 30권이 넘는 책을 썼다.

〈부부졸업학교〉를 통해 나는 나의 노하우를 오늘 하루도 버텨내고 있는 우리나라 부부들과 함께 나눌 것이다. 그분들의 문제점을 해결해 줄 것이다. 나아가 점점 변화되는 행복한 부부가 되게 해 줄 것이다. 그뿐만 아니라 아이들에게 멋진 엄마 아빠가 되게 해 줄 것이다.

그러기 위해 나는 지금 책을 쓴다. 내 지식과 경험을 바탕으로 참된 부부 지침서를 만들고 있다. 세상 모든 부부에게 보탬이 될 내용을 담아서. 이 책은 내 사명을 이룰 좋은 씨앗이 될 것이다. 그 좋은 씨앗을 이용해 나는 〈부부졸업학교〉의 교장을 맡을 것이다. 그리고 새로운 입학생을 대한민국 최고의 부부로 만들 것이다.

나는 하고 싶은 것이 너무 많다. 그것들을 나의 인생에서 빨리 시작하고 싶다. 은퇴 후 남는 시간을 종로에 있는 탑골공원에서 보내고 싶지 않다. 사랑하는 아내와 아이들과 함께 미국 그랜드캐니언에 가고 싶다. 성지순례도 해 보고 싶다. 부모님을 모시고 라스베이거스에도 가고 싶다. 친한 친구들과 빙하가 다 녹기 전에 오로라 여행도 하고 싶다. 탑골공원에 간다 해도 벤츠를 타고 가고 싶다. 상담 받는 부부들의 온전한 시간을 위해 아이 없이 부부들만 지낼 수 있는 게스트하우스도 운영하고 싶다.

나와 아내는 더 이상 불행한 부부가 아니다. 서로 격려하면서 모든 꿈을 공유하고 있다. 그 꿈을 향해 작은 걸음을 내딛고 있다. 앞으로 남은 부부생활을 불행하게 보낼 것인가, 조금이라도 젊은 시절에 행복한 부부로 함께 걸어갈 것인가. 이는 모두 내가 마음먹기에 달렸다. 나는 불행한 대한민국 부부들을 위한 최고의 부부 전문 컨설턴트가 될 것이다.

진짜 나로서
나의 삶 살기

영어 강사, 벨리 댄서

영어 강사로서 수많은 아이들과 함께 어울리며 영어뿐 아니라 아이들의 꿈을 찾고 내 행복을 찾아가는 중이다. 또한 벨리 댄서로서 내 안의 아름다움을 찾아가고 있다. 늘 새롭고 멋진 것들을 경험하고, 외적인 성장은 물론 내적인 성장을 향해 조금씩 자라는 중이다.

나는 어릴 때부터 하고 싶은 것들이 정말 많았다. 그래서 이 주제로 할 말이 정말 많을 줄 알았다. 그런데 시작하고 보니 전혀 그렇지 않았다. 내가 곧 죽는다면, 간절히 하고 싶은 것이 무엇인가 생각해 보니 떠오르는 것이 없었다. 그렇다면 그동안 내가 원한 것들, 하고 싶다고 입에 달고 살았던 것들은 사실은 다 의미가 없는 것일까?

지금도 사실 하고 싶은 것은 많다. 돈 많이 벌어 보기. 큰 집에서 멋지게 살기. 세계 일주하기. 오로라 꼭 보기. 영어 잘하기. 일본어 배우기. 중국어 배우기. 스페인어 배우기. 러시아어 배우기. 발레 배우기. 피아노 배우기. 성악 배우기…. 하고 싶은 것들은 끝없이 많다.

하지만 내가 당장 일주일 후에 죽는다면 이 모든 것들이 무슨 의미가 있을까. 과연 저것들이 죽기 전에 꼭 하고 싶은 리스트에 들 수 있는 것들인가? 죽기 전에 하지 않았다고 해서 내 마음에 사무치는 일들일까? 그리고 계속해서 생각했다. 정말 내가 하고 싶은 것은 무엇인가. 나의 목표는 무엇인가. 내가 해야 할 것은 무엇인가. 내 마음이 시키는 것은 무엇인가….

나는 답을 찾지 못했다. 대신 한 가지 궁금증이 더 떠올랐다. 'Who am I? 나는 누구인가? 내가 누구지? 난 어떤 삶을 살아야 하지?'

생각해 보니 나는 나에 대해서 정말 모르는 것 같다. 내가 무엇을 원하는지, 어떤 삶을 살고 싶은지, 무엇을 할 때 가슴이 뛰고 재미를 느끼는지, 어떤 상황에서 행복한지, 무엇을 생각할 때 행복한지.

그것을 알고 나면 내 인생은 더 행복해질 것 같다. 습관적으로 말하는 돈 많고 시간 많은 그런 것들 말고, 내가 진짜 원하는 내 삶의 모습을 알고 나면.

며칠 전 〈보헤미안 랩소디〉라는 영화를 봤다. 주인공 프레디 머큐리의 대사 하나가 마음에 남는다.

> **"I decide who I am(내가 누군지는 내가 결정해)."**

정말 당연한 말인데, 나도 그렇게 살고 있다고 자신 있게 말할 사람이 몇이나 될까. 내 마음이 시키고, 내 가슴이 원하는 것이 무엇인지 아는 사람이 얼마나 있을까.

돌아보니 아주 어릴 때는 내 마음이 시키는 것들이 명확했다. 무엇을 할 때 기쁘고, 무엇을 할 때 즐거운지. 하지만 점점 커 가면서 여러 가지 상황들에 부딪치고, 내 몫을 해내기 위해 노력하고, 주변의 기대에 부응하기 위해 노력하고, 세상 속에서 다른 사람들과 부대끼며 내 자리를 마련하기 위해 고군분투하는 동안 내가 진정으로 원하는 것이 무엇인지, 내 마음이 시키는 것이 무엇인지, 내가 무엇을 할 때 즐겁고 가슴이 뛰는지는 점점 희미해져 갔다. 그리고 마침내는 아무리 생각해도 내가 무엇을 원하는지 떠오르지 않는 지경에 이르렀다.

세상에 적응해 가는 동안 나는 진정 나를 위해 사는 것이 아니었다. 다른 사람들의 시선에 나를 맞춰 가며 살아왔다. 내 안의 목소리가 분명히 있는데, 내 안에서의 외침이 분명히 있을 텐데 그것을 무시했다. 그리고 타인의 시선에 맞춰서, 세상의 틀에 맞춰서 나를 점점 내가 아닌 누군가로 만들어 가고 있었던 것이다.

나는 틀에 박혀 사는 것을 갑갑하게 여긴다고 생각했었다. 그런데 이 글을 쓰면서 나를 돌아보니 나는 누구보다 틀에 박혀 살았다. 심지어 누군가 시켜서가 아니라 내가 나 스스로를 세상이 정한 틀에 끼워 맞추려 노력하고 있는 것이 보였다.

세상은 한 가지 색깔이 아니다. 여러 색깔을 가진 사람들이 각자의 아름다움을 뽐내며 살아가도 괜찮다. 그런데 나는, 그리고 나와 같은 많은 사람들은, 자신만의 아름다움이 무엇인지 모른 채 그저 그것을 숨기고 무채색이 되려고 노력한다. 많은 사람들이 그렇다. 그래서 좀 튀는 사람들은 여러 가지 꼬리표를 달게 된다.

그중에는 많은 사람들의 부러움을 사는 사람도 있다. 하지만 자기 색깔이 아주 강한 사람들에게는 때로는 부적응자라는 수식어까지 따라붙기도 한다. 하지만 누가 부적응자일까. 자기 목소리에 귀기울이며 마음이 시키는 대로 춤추듯 살아가는 사람일까. 타인의 시선을 자기 내면의 소리보다 더 중요하게 여기며 힘들게 삶을 살아 내느라 불평불만이 많아진 사람일까. 과연 누가 부적응자일까.

글을 쓰다 보니 순간순간 내가 원하는 것이 무엇인지를 아는 것이 중요한 것 같다. 어릴 때의 나, 꿈 많던 때의 나, 열정 가득하던 때의 나는 지금의 나와는 다르다. 나는 많이 달라졌다. 그런데도 나는 지금 내 마음이 원하는 것이 무엇인지 모른다.

내가 곧 죽는다고 가정한다면, 순간순간을 힘껏 살지 않은 것에 후회할 것 같다. 그리고 내 감정을 숨기며 산 것도, 내 마음을 마음껏 표현하지 않으며 산 것도 후회할 것 같다. 지금의 나를 받아들이지 못하고 예전의 꿈만 생각한다면, 그걸 이루지 못한 것을 속상해하면서 인생을 허비한다면, 그때야말로 정말 후회할 것 같다. 다시 말해 계속 지금처럼 살면 후회할 것 같다!

순간의 선택이 모여 인생을 만든다고 한다. 매 순간 내 목소리에 귀 기울이며 살다 보면 내가 무엇을 위해 세상에 왔는지, 내가 삶에서 배울 것이 무엇인지, 내가 정말 원하는 방향이 무엇인지 저절로 알게 되지 않을까. 매 순간 나에게 집중하는 것. 나의 목소리를 찾는 것. 내가 누구인지 알아 가는 것. 그것을 못 하면 죽기 전에 후회할 것 같다. 죽기 전에 내가 누구인지, 내가 어떤 사람인지 아는 것만은 꼭 해야 할 것 같다.

인생을 너무 잘 살기 위해 노력할 필요는 없는 것 같다. 큰 그림을 그려 놓고 그 그림대로 되지 않아 괴로워할 필요는 더더욱 없다. 단지 삶에서 여러 상황들에 맞닥뜨릴 때 그 상황들에 그저 떠밀려 가지 않으면 된다. 내가 방향키를 잡고 스스로 선택해 매 순간을 살아가다 보면 내가 생각한 나보다 훨씬 멋진 내가 될 수 있지 않을까. 진짜 나로서 살고 있는 나를 발견하게 되지 않을까. 나는, 죽기 전에 '꼭' 나의 삶을 살고 싶다.

미래 일기를
현실에서 실현하기

쿠팡 물류센터 근로자, 에세이 작가, 네이버 블로거, 예비 전도사

인천 쿠팡 물류센터에서 근무하고 있다. 2018년에 60페이지 분량의 미니 자서전 《타임머신 스토리 SINCE 1978》을 출판물로 만든 이력이 있다. 현재 정식으로 서점에서 판매할 에세이를 집필 중이다.

미래 일기

나는 책을 완성했다. 그러곤 유명 출판사와 계약을 맺었다. 그리고 그 책이 세상에 나왔다. 나는 드디어 남들이 그동안 무시하고 인정하지 않은 거창한 꿈을 달성했다. 바로 교보문고 베스트셀러 코너에서 한 달 동안 1위를 하는 꿈을 이룬 것이다.

분야는 에세이다. 제목과 목차는 전문가 선생님이 결정해 주셨다. 그리고 표지와 내지 디자인도 전문가에게 의뢰했다. 나는 순수하게 글 내용에만 집중해서 퇴고를 거듭했다. 나와 계약한 유명 출판사는 내 책의 흥행 가능성을 확신했다. 뭔가 새롭게 시작하는 사람들이 많은 시즌에 타이밍을 맞추었다. 출판사는 과감하게 1쇄부터 3,000부를 찍었다. 계약금도 파격적이었다. 300만 원. 책값의 10%를 매달 인세로 지급할 것도 약속했다.

이러한 책이니만큼 출판사도 나도 초기부터 홍보를 많이 했다. 책이 나오자마자 교보문고 23층의 300명 대중 앞에서 출간 기념 강연회를 했다. 모든 SNS를 총동원해서 홍보했다. 유튜브 채널 광고, 인터넷서점 광고, 신문광고, 교보문고와 제휴한 이벤트 광고는 기본이었다. 추가로 한정판 사인본 증정, 인터넷서점 구입 시의 3M 포스트잇 증정까지 이어졌다. 모든 홍보를 전문가의 여러 조언을 받아서 충분하게 실시했다. 종이책 미리보기로 예약판매를 실시했다. 동시에 전자책(e-book)도 예약판매를 실시했다. 매우 큰 할인혜택을 약속해서 그런지 반응이 좋았다.

이때부터 홍행을 예감했다. 더욱 기적이 일어났다. 국내의 모든 종합일간지와 주말에 소개되는 경제지 신간코너에 내 책이 실린 것이다. 그 덕에 첫날부터 교보문고 매장에 나온 초판이 완판되었다. 바로 2쇄를 찍기로 결정이 났다. 말 그대로 대박이다. 나도, 출판사 그리고 코칭 전문가 선생님도 다 함께 기뻐했다.

2019년 10월

내 인생에서 가장 행복한 날이 오늘이 되었다. 바로 오늘 결혼식을 마쳤다. 기독교식으로 예배를 드렸다. 담임목사님이 직접 오셔서 좋은 말씀으로 설교 및 주례를 해 주셨다(참고로 미리 부탁드려 짧고 간결하게 마치셨다).

　나는 아내를 교회 안에서 만났다. 매주 주일마다 교회에서 예배를 마친 직후 구역 소모임을 가졌다. 그 모임을 통해 서로를 자연스럽게 알 수 있었다. 나의 아내는 나보다 더 하나님에 대한 믿음이 강했다. 늘 기도하는 마음, 감사하는 마음으로 살고 있었다. 그 모습이 참 보기 좋았다. 그래서 내가 먼저 적극적으로 나의 마음을 표현했다.

　처음에 나는 아내에게 갑자기 부담을 주지 않으려고 노력했다. 티가 나지 않게 가끔씩 카카오톡으로 대화를 나눴다. 그렇게 조금씩 그녀에게 다가갔다. 그러면서 나에 대한 그녀의 마음이 어떤지 궁금했다. 그 궁금증을 풀려고 나는 그녀에게 손 편지를 써서 주었다. 내 마음, 진심을 있는 그대로 썼다. 사실 손 편지가 가장 시간과 정성이 들어간다. 하지만 그만큼 아내에게는 감동을 줄 수 있었다. 나는 그 정성을 고마워해 주는 아내가 더 사랑스러웠다.

　지난해 12월 22일에는 여의도 한강유람선을 같이 탔다. 나는 12월 25일 화요일 크리스마스를 앞두고 일찌감치 이곳을 예약했다. 이곳에서 멋진 불꽃쇼를 보면서 우리는 잊지 못할 추억을 만들었다. 그리고 시간이 훌쩍 지나 2019년 10월 어느 따뜻한 가을날, 우리 두 사람은 드디어 하나가 되었다. 많은 분들이 우리 둘의 결혼식에 찾아와 주셨다. 예상보다 많은 분들이 찾아와 주셔서 놀랐다.

예식은 최대한 간소하게 했다. 살림살이와 집 장만에 보태기 위해서였다. 폐백은 생략했다. 예식 직후 뷔페로 식사를 하고 계신 하객분들에게 진심으로 감사의 인사를 드렸다. 작년만 해도 평생 노총각으로 살지도 모른다는 생각이 강했다. 그러나 이제 신혼부부로서 내 인생의 새로운 삶을 시작하게 되었다. 지금 나는 너무 행복하다. 하나님께 감사드린다.

2022년 5월

난 매년 한 권에서 많을 때는 3권의 책을 냈다. 지금까지 낸 모든 책이 다 베스트셀러가 되었다. 정말 하나님께 감사드렸다. 나의 이런 잠재능력을 40대인 이제야 기름 부어 주심에 너무나도 감사드렸다. 베스트셀러를 내니까 자연스럽게 여러 좋은 일들이 생겼다. 강연회와 방송 출연, 각종 매체와 인터뷰하느라 인기 연예인 부럽지 않게 하루하루 바쁘게 살기 시작했다. 그렇게 바쁜 와중에도 나는 나의 예쁜 아내와 딸의 얼굴을 보고 싶어서 영상통화를 자주 했다. 이렇게 통화하면 정말 그 둘과 내가 항상 함께 있다는 기분을 느낄 수 있었다. 요즘 들어 계속 행복하다. 작가로서, 가장으로서 늘 행복하길 기도한다.

2023년 7월

정말 오늘은 진심으로 행복한 날이 되었다. 내가 대학생 시절부터 좋아했던 배우 전지현 씨의 영화가 오랜만에 개봉되었다. 이를 기념해 전지현 팬클럽과 팬미팅을 했다. 전지현 씨의 바람에 따라 팬미팅에는 팬클럽에서 활동을 가장 적극적으로 한 5명만 초대되었다. 언론에는 전혀 알리지 않은 비공개 모임이었다.

서울의 남산타워와 야경이 잘 보이는 모 유명호텔 VIP룸이 모임 장소였다. 시간은 저녁 7시. 팬클럽 멤버들은 모두들 처음 직접 얼굴을 보는 것이었다. 하지만 금세 친해졌다. 배우 전지현 씨와의 만남은 정확히 1시간 정도만 허용된다고 들었다.

잠시 후 드디어 배우 전지현 씨가 룸에 들어왔다. 그녀는 들어오자마자 환한 미소를 지었다. 그러곤 5명의 팬클럽 멤버들의 이름을 차례대로 불러 가며 인사했다(참고로 우리는 이름표를 부착하고 있었다. 본명과 카페 별명이 함께 적혀 있었다).

정말 그녀는 배우로서 아주 매력적인 신체 조건을 갖고 있었다. 정말로 작은 얼굴에 큰 키, 긴 머리의 그녀가 우릴 맞이했다. 가까이에서 마주하니 그녀의 아우라가 느껴졌다. 우리 5명은 호텔에서 제공한 식사를 나누면서 시간 가는 줄 몰랐다. 귀한 1시간. 다시 말해 60분 동안만 그녀와 함께할 수 있었다.

우리는 그녀의 말 한마디 한마디에 집중했다. 대부분의 시간 동안 그녀의 출연작 위주로 이야기했다. 그녀의 출연 뒷이야기가 무척이나 재미있었다. 잠깐이지만 전지현 씨 아들 2명에 대한 이야기도 들을 수 있었다. 그녀도 집에서는 배우이기에 앞서 엄마였다.

우리 팬들도 다들 그녀와 함께 나이를 먹었다. 함께 나이를 먹어가면서 평생 팬이 된다는 건 그 배우에게 든든한 일이 아닐까? 전지현 씨는 개인별로 사진도 찍어 주고, 사인도 해 주었다.

이번 영화도 그녀가 주연이었다. 배우가 10년도 아니고, 20년 넘게 주연을 맡는다는 건 대단한 기록이다. 그녀를 진심으로 응원해 주고 싶어서 5명이 각자 준비한 손 편지를 전해 주었다. 그녀는 너무나 감사하다며 기쁘게 읽어 보겠다고 했다. 1시간이 쏜살같이 지나갔다. 그녀는 평생토록 '배우 전지현'으로 불리고 싶어 했다. 분명 그녀의 말대로 될 것이다.

여행이 주는 느림의 미학을
아이에게 선물하기

푸르넷 공부방 선생님

10여 년을 S사 사내강사로 일하다 현재 푸르넷 공부방 선생님으로 이직했다. 하지만 여기에서도 사내 강의를 많이 하고 있다. 또한 어린 나이에 시집가 열한 살짜리 아들을 키우고 있는 동탄의 아줌마이기도 하다. '지금 나는 뭐든 할 수 있는 나이다. 뭐든 할 수 있는 나이다!'라는 신념으로 자신의 이름을 걸고 강의를 해 보고 싶어 책 쓰기에 많은 관심을 기울이고 있는 중이다.

나는 유년기 시절 맞벌이 가정에서 자랐다. 그런 만큼 주말이 부모님과 소통하는 유일한 시간이었다. 두 분 모두 많이 바쁘셨다. 하지만 주말엔 여기저기 참 많은 곳에 나를 데리고 다니셨던 기억이 있다. 여행을 가면 부모님은 늘 우리가 우선이었다. 주중의 바쁜 모습은 온데간데없이 여유로워지셨다.

부모님은 늘 숨 가쁜 일상을 벗어나야 내려놓을 수 있다고 하셨다. 나는 그 이야기가 무슨 말인지 잘 이해하지 못했다. 하지만 내게 여행은 엄마 아빠와 소통할 수 있는 신나고 재미있는 시간이었다. 부모님께 더 많은 이야기를 하고 싶어 손꼽아 기다리던 시간이기도 했다. 나는 친구들과 있었던 일, 하고 싶은 일, 배우고 싶은 일들을 이야기했다. 그러면 부모님은 늘 긍정적으로 조언해 주셨다.

"우리 딸은 잘할 수 있을 거야."

"시작을 해야 결과를 얻지."

"우리 딸은 뭐가 돼도 크게 될 거야."

"우리 딸은 뭘 해도 잘할 거야."

그렇게 용기를 주는 말들을 해 주셨다. 그 말들이 늘 힘이 되었다. 조금 더 힘을 낼 수 있게 해 주었다.

결혼 후 아이를 키워 보니 부모님께서 내게 내주셨던 그 소중한 시간들이 참 쉽지 않은 일이라는 걸 깨달았다. 나 또한 맞벌이 가정을 꾸리고 있기 때문이다. 대학 졸업 후 10여 년의 직장생활을 하는 동안 주말마다 온전히 시간을 쓰는 것이 참 힘들었다. 그러다 문득 어쩌면 소소한 행복을 얻고 내가 세상을 살아가는 힘을 쌓았던 그 시간을 내 아이에게는 내주지 못하는 것 같아 미안해졌다.

나는 아이가 어렸을 때 조금 더 함께하는 시간을 늘리고자 했다. 그래서 지금은 아이들을 가르치는 일을 하고 있다. 아이들이 커 가는 모습을 보니 저마다의 모습대로 참 예쁘다. 우리 아이도 이 나이 때는 이랬겠구나. 우리 아이가 커서는 이렇게 되겠구나. 대리만족을 할 수 있어 참 좋다.

유년기 시절 부모님이 내게 해 주셨던 그 많은 이야기들. 그것들을 우리 아이들에게 해 주고 나면 어느새 아이들이 한 뼘 더 자란 거 같아 뿌듯하기도 하다.

누군가를 믿어 주는 일이 생각보다 어려운 일은 아니다. 따뜻한 말 한마디에 아이들의 마음의 문이 열리기도 한다. 그러면 아이들은 내가 하는 말들을 귀담아 들어 준다. 때문에 학업도, 인성도, 지성도, 이 아이들의 미래도 긍정의 메시지들과 함께하게 된다.

경쟁사회를 살고 있는 우리들. 몸으로 배운 성실함 탓에 어쩌면 많은 것들을 놓치고 있는지도 모른다. 때문에 느림의 미학이 필요할 것 같다. 이제야 나의 부모님이 하셨던, "숨 가쁜 일상에서 벗어나야 내려놓을 수 있다."라는 말이 공감되는 나이가 된 것 같다. 그때의 엄마의 나이가 되고 나서야….

회사생활을 하며 주말에 아이와 여행을 다니곤 했다. 그런데 그때는 의무적으로 다녔던 것 같다. 캠핑을 가서도 부부가 쉬기 바빴다. 해외여행을 가서도 관광이나 휴가가 목적이었던 날이 더 많았다. 그런데 지금, 다시금 계획을 세워 본다.

죽기 전에 꼭 하고 싶은 것이 있다면 아이의 미래에 도움이 되는 인생여행을 함께 하는 것이다. 한국의 입시문화에 절기보다는 조금 더 다양한 경험을 하며 세상을 살아갔으면 하는 바람이다. 그래서 아이와 함께 해외살이를 해 보고 싶다. 빨리빨리가 아닌 느림의 미학으로 아이에게 많은 것들을 나누어 주길 소망한다. 그렇게 아이의 미래에 가장 긍정적이고, 든든한 지원군이 되어 줄 수 있기를 소망한다.

나만의 책 출간하고
산티아고 순례길 걷기

수학 강사, 청소년 멘토, 동기부여가

수학 강사로서, 경남 창원에서 학생들을 가르치고 있다. 2017년에는 창원 문성대학교에 NCS 기초수학 교수로 출강한 이력이 있다. 앞으로 청소년 멘토로서 학생들에게 자신이 하고 싶은 것에 대한 비전을 가질 수 있도록 지도할 예정이다. 또한 학생들을 위한 유튜브 채널을 개설하고 동기부여와 관련한 책을 집필할 예정이다.

2005년 12월 대학교 4학년이었던 나는 전공을 살려 취업했다. 울산 소재의 회사에 초음파 서비스 엔지니어로 생애 첫 취업을 한 것이다. 그런데 첫 직장에 대한 많은 설렘과 기대는 점점 두려움과 좌절감으로 바뀌었다. 하루하루가 힘들어 생전 겪어 보지도 못했던 가위눌림도 경험했다.

그렇게 고통의 나날을 이어 가고 있을 즈음 정말 학교가 그리웠다. 또한 학교에 있는 동기나 선후배들을 만나서 기분전환을 하고 싶었다. 나는 내가 다니던 대학교를 방문했다. 그리고 대학원을 준비하던 선배를 만났다. 같이 커피를 마시면서 나는 선배에게 이런

저런 넋두리를 늘어놓았다.

그때 선배가 자기 동기도 직장생활이 많이 힘들 때면 책을 읽었다고 했다. 그러면서 "무슨 책을 읽어야 될지도 모르고 어떤 책이 좋은지 모를 때는 베스트셀러를 읽어라!"라고 했다. 나는 지푸라기라도 잡는 심정으로 집으로 가는 길에 있는 서점에 들렀다. 그러곤 그때 당시의 베스트셀러였던 《마시멜로 이야기》를 구입해서 읽기 시작했다.

책은 내용이 많은 것도 아닌 데다 읽기가 어렵지 않았다. 그래서 더 그랬겠지만 나는 어떠한 힘에 이끌리듯이 그날 그 책을 다 읽어 버렸다. 나는 다음 날 다시 서점을 찾았다. 그러곤 당시의 베스트셀러였는지는 기억나지 않지만 《폰더 씨의 위대한 하루》라는 책을 사 들었다. 그리고 울산으로 가는 버스에 몸을 맡겼다.

나는 버스에서 계속 책을 읽어 나갔다. 그런데 어느 부분을 읽다 갑작스럽게 눈물이 터져 나왔다. 그동안의 복잡한 감정들이 복받쳐 올라온 것이었다. 나름대로 최선을 다했던 삶이었다. 하지만 책을 읽으면 읽을수록 정말 우물 안의 개구리가 나를 말하는 것 같았다. 희희낙락하며 보냈던 세월들이 너무나도 개탄스러웠다. 버스에서 부끄러운지도 모르고 훌쩍였다. 집으로 돌아와 나는 나를 돌아보는 시간을 잠시 가졌다. 그리고 나서 나머지 부분도 다 읽었다.

많은 것을 깨닫고 난 후 나는 세 번째로 파울로 코엘료의 《연금

술사》를 읽기 시작했다. "자네가 무엇인가를 간절히 원할 때 온 우주는 자네의 소망이 실현되도록 도와준다네"라는 구절은 나의 삶을 바꿔 주기에 충분했다. 나는 책을 읽은 후 한 달 뒤 나만의 지표를 찾아서 직장을 그만두었다. 그리고 고향인 마산으로 내려와서 현재까지 나의 삶을 지탱해 주고 있는 학원 수학 강사의 길로 들어서게 되었다.

나는 이렇게 나의 삶에 커다란 영향을 준 《연금술사》의 저자 파울로 코엘료에게 빠졌다. 그가 출간한 책을 찾아 읽기 시작했다. 그러다가 발견한 책이 《순례자》다. 저자는 한 기독교 단체의 온전한 마스터가 되기 위해 스페인의 '산티아고 순례길'을 걷는다. 《순례자》는 그 과정에서 생긴 여러 가지의 일들과 깨달음을 적은 책이다.

파울로 코엘료는 그 '순례길'을 걷고 난 후에 베스트셀러 작가로서의 삶을 살게 되었다. 인생이 백팔십도로 달라지게 된 것이다. 나에게는 그 '순례길'을 한번 걸어 보고 싶다는 막연한 꿈이 생기게 되었다. 하지만 그 꿈은 일상을 살아가고 있는 나에게는 그저 꿈일 뿐이었다. 그렇게 잊혀 가는 듯했다.

정처 없이 세월은 흘러갔다. 그 세월 속에 나는 사랑하는 아내를 만나게 되었다. 그리고 2013년 10월 결혼식을 올렸다. 우리는 프랑스로 신혼여행을 떠나게 되었다. 신혼여행은 온전히 아내와 나만의 자유여행이었다. 힘도 들고 어려움도 많이 겪었다. 하지만 굉장히 큰 보람과 즐거움을 느낀 여행이었다. 그리고 자연스럽게 '순례길'이 떠올랐다.

신혼여행을 통해 여행에 자신감이 생긴 나는 아내와 함께라면 충분히 해 볼 만하다고 생각했다. 그래서 신혼여행 중에 아내에게 같이 스페인에 가 보자고 했다. 순례자의 길도 걸어 보고 여행도 하자고 했다. 여행을 좋아하는 아내는 좋은 생각이라고 했다. 언젠가는 갈 수 있을 것이라 생각하면서 우리는 흐뭇해하며 한국으로 돌아왔다.

결혼은 현실이라고 했던가. 나는 결혼 후 한 가정을 지키는 가장으로서의 역할에 충실했다. 밤늦은 시간까지 열심히 수업했다. 어떤 때는 주말도 없이 수업에 매달렸다. 그리고 2016년 6월에 아들이 태어나면서 스스로에 대한 압박은 심해져 갔다. 열심히 수업해서 돈을 조금이라도 더 벌자 가계는 조금씩 나아졌다. 살림도 점점 불어났다. 하지만 미래에 대한 불안과 걱정도 점점 늘어날 뿐이었다. 나는 이러한 불안과 걱정을 없애기 위해서는 더 열심히 일하는 방법밖에 없다고 생각했다. 일에 파묻히자 나의 꿈과 목표는 또다시 저만치 멀어져 갔다.

그러던 중 나는 2018년 6월 진해로 이사했다. 이사한 곳은 마산에 있는 직장과는 거리가 있었다. 나는 출퇴근시간을 이용해서 평소 좋아하던 유튜브를 틀어 놓았다. 그렇게 라디오처럼 들으면서 긴 출퇴근시간의 지루함을 달랬다. 그런데 이 시간이 나를 바꾸어

놓기 시작했다!

나는 이 시간을 좀 더 유용하게 이용해 보자고 생각했다. 그러곤 자기계발과 관련한 유튜브 채널들을 찾아서 듣기 시작했다. 평소 다양한 SNS들을 통해서 자기계발에 대한 내용들을 보기는 했었다. 하지만 매일매일 출퇴근시간에 자기계발에 대한 내용을 꾸준히 청취하는 것은 또 달랐다. 나는 점점 내가 무엇을 해야 할지 알게 되었다. 나는 조금씩 실천하기 시작했다.

그 하나는 집 주위를 뛰기 시작한 것이다. 그리고 자기 전에 가볍게 명상을 했다. 몸과 머리가 가벼워지기 시작했다. 그동안 읽지 않던 책을 손에 잡았다. 그리고 미흡하지만 나 자신의 발자취를 남기고 글 쓰는 연습을 하기 위해 블로그에 글을 쓰기 시작했다. 꾸준히 실천해 간 작은 행동으로 나의 삶은 점점 풍성해졌다. 깜깜했던 앞날이 밝아지는 듯한 느낌을 받았다. 물론 저만치 '산티아고 순례길'도 보이기 시작했다.

그러던 어느 날 아들 때문에 잘 틀지 않는 TV를 우연히 틀게 되었다. 그런데 모 방송국의 예능프로그램에서 가수 GOD 멤버들이 '순례길'을 걷고 있는 것이 아닌가. 그 방송을 보는 내내 나의 입가에는 미소가 떠나지 않았다. 그 방송이 마치 나를 위한 것이라는 생각이 들었기 때문이다. 한편, 학생을 가르치는 학원 강사로서 도움이 될 수 있을 것이라 생각해서 읽은 《완벽한 공부법》이라는 책이 있다. 그 책에서 저자는 신혼여행으로 갔던 '순례길'을 걸은 에피소드를 소개했다. 그것 또한 나를 위한 소개 같았다.

그리고 도서관에서 우연히 빌린 책에서 김태광 작가님을 소개하는 글을 보게 되었다. 나는 커다란 이끌림을 느끼고 검색을 통해 〈한책협〉을 알게 되었다. 또 한 번 내 입가에 미소가 지어졌다.

이렇게 '순례길'은 나에게 우연인 듯이 다시 다가왔다. 그러나 이제 곧 마흔이 되어 가는 나에게 앞의 우연은 단지 우연이 아니다. 그냥 하라고 하는 것이다.

나는 나의 책을 쓸 것이다! 나는 나의 책을 통해 인생을 바꾸고 '산티아고 순례길'로의 여정을 시작할 것이다.

20대 후반 나는 책을 통해 내 인생의 진로를 바꾸고 '순례길'을 꿈꾸었다. 하지만 그때는 수동적이었다. 이제는 능동적으로 내가 내 책을 쓰고 그 '순례길'을 실제로 걸을 것이다. 그 누구보다 환한 미소를 지으며 멋진 모습으로 여행을 시작할 것이다!

버스킹 하며
세계 일주하기

가이드 보컬, 前방송합창단원, 前음악학원 강사

현재 두 아이를 낳고 아이들의 행복에 초점을 맞춘 육아에 전념하며 엄마의 역할을 충실히 수행하는 중이다. 앞으로는 음악 활동과 육아를 하며 닥친 시련을 극복한 경험을 토대로 글을 써서 사람들을 위로해 주고 그들의 인생에 활력을 주고자 한다.

> "인간은 자신이 필요로 하는 것을 찾아 세계를 여행하고 집
> 에 돌아와 그것을 발견한다."

조지 무어의 말이다. 남편, 딸, 아들, 아빠, 엄마, 언니. 다 하나씩 인데 모이면 일곱이다. 내 가족 말이다. 각각 다른 성격을 가졌지만 나는 가족과 함께할 때 가장 행복하다.

나는 어릴 적부터 줄곧 음악을 해 왔다. 중간에 샛길로 빠지긴 했다. 그래도 정신을 차려 보면 피아노를 치고 있거나 노래를 하고 있었다. 피아노나 보컬은 혼자 연습하는 시간이 많다. 때문에 사람

들은 두 가지를 하다 보면 개인적이고 이기적이 될 것이라고 이야기들 한다. 그러나 나 개인적으로는 독주나 독창도 좋지만 합주나 합창을 할 때 더 즐겁다.

가끔 이런 생각을 해 본다. '내가 제일 사랑하는 사람들과 같이 음악을 하면 얼마나 행복할까?' 음악은 세대가 어우러지며 하나가 되기 가장 좋은 소통의 창이다. 상상만으로도 가슴이 벅차고 희열이 넘친다.

나는 다람쥐 쳇바퀴 돌듯이 늘 똑같은 하루를 사는 사람들이 가엾다. 물론 나도 이제까지 그렇게 살았다. 특히 결혼하고 아이를 낳은 후에는 더욱더. 출산 후 한참 동안은 '나는 아무것도 할 수 없는 사람이구나'라는 말도 안 되는 자괴감에도 빠져 봤다. 그때는 마냥 위로만 받고 싶었다. 그래서 《균형육아》, 《딸, 엄마도 자라고 있어》 이런 부류의 책만 보았다. 그러면서 지금은 이게 정상이라며 나를 정당화했다.

그러다 어느 날 문득 나를 보며 웃는 아이들 눈동자가 무척 슬프게 느껴졌다. 총 맞은 것처럼 멍했다. 그동안 내가 무슨 짓을 한 걸까. 내게 전부인 이 아이들의 세상을 다른 사람도 아닌 내가 어지럽혔다. 나의 두 천사는 변함없이 나에게 깨끗하고 환한 미소를 지어 준다. 하지만 난 아이들에게 용서받고 싶었다. 아이들에게 최고로 행복한 인생을 살게 해 줘야겠다는 단 한 가지 생각만이 머릿속에 맴돌았다.

그날부터 어떻게 하면 아이들이 행복할지 생각했다. '엄마가 행복해야 아이들이 행복하다던데. 아이들은 뛰어놀아야 한다는데. 아무래도 많이 보고 다양한 경험을 해 봐야겠지? 그렇게 해 주려면 경제적으로도 풍족해야 해…' 여러 생각을 하던 중 드디어 찾았다. 심지어 아이들뿐만 아니라 나와 남편까지도 즐길 수 있는 것을.

나는 천생 음악가이고 남편은 여행을 무척이나 좋아한다. 게다가 세계 곳곳을 여행하는 것만큼 아이들의 견문을 넓혀 주는 것도 없다. 그런 만큼 거리공연을 하며 세계 일주를 하기로 마음먹었다. 남편과 여러 번 이야기를 나눈 적은 있었다. 그런데 막연한 꿈이라고만 생각했지 꼭 할 것이라고 다짐한 건 아니었다. 하지만 이번엔 다짐하고 선포했다. 꼭 이루리라.

"세계 일주를 하면 하는 거지 왜 굳이 거리공연을 하면서 세계 일주를 해?"라고 묻는 사람들도 있을 것이다. 왜냐하면 나에게는 꼭 극복해야 하는 치명적인 결함이 있기 때문이다. 그것은 바로 무대공포증이다. 나를 아는 사람들은 결혼 직전까지 코러스 단원으로서 한 달에 수십 회나 무대에 섰으면서 무슨 무대공포증인가 싶을 것이다. 사실 나는 메인 보컬이고 싶었지 백 그라운드 보컬이고 싶지는 않았다. 그런데 무대공포증이 나를 백 그라운드 보컬로 만들었다.

수년 동안 무대공포증을 극복해 보려고 노력했다. 그럴수록 나는 작아졌다. 나의 한계를 맛보았다. 그럼에도 불구하고 끈기인지 오기인지 절대 포기할 생각은 없다. 반드시 극복하리라 더 굳세게 다짐한다. 콤플렉스를 극복했을 때 비로소 빛날 수 있을 테니 말이다. 실패를 여러 번 맛본 후 얻는 성공이 더욱 달콤할 테니 말이다.

나는 그동안의 나에게 사과한다. 내 가슴이 원하는 것을 실패할까 봐 두려워서 외면했기 때문이다. 잘할 수 있을까 의심되어서 억눌렀기 때문이다. 남들이 비웃을까 봐 무서워서 숨었기 때문이다. 이 모든 것이 나를 얼마나 작고 초라하게 만들었는지 알게 되었을 때 나 자신에게 무척이나 미안했다. 자신에 대해 부정적으로 생각하고, 말하고, 비웃는 것은 자살행위와 같다.

최근 들어 나에게 가장 좋은 영향을 주는 사람이 있다. 바로 《돈이 없을수록 부동산 경매를 하라》의 저자이자 〈한국경매투자협회〉의 대표이신 김서진 작가님이다. 그분의 말씀이다.

"의사가 되고 싶다면 의학에 대해 공부하고 화가가 되고 싶다면 그림 그리는 법을 공부하고 법조인이 되고 싶다면 법률에 대해 공부하면 된다. 마찬가지로 부와 성공에 대해 공부하고 연구한다면 부를 이루고 성공한 사람이 된다."

나는 행복해지고 싶어서 행복에 대해 연구했다. 그래서 얻은 답이 있다. 행복의 가장 기본은 나를 사랑하는 것이라는 것이다. 그도 그런 것이 나는 '왜 태어나서 이렇게 힘들게 세상을 살고 있을까' 싶었다. 그랬던 내가 나를 사랑하기 시작하니 살아 숨 쉬는 것부터 감사하고 모든 것이 사랑스럽기 시작했다. 사람이 긍정적으로 바뀌니 삶에 대한 목표가 생겼다. 더 이상 꿈꾸는 사람이 아닌 꿈을 이룬 사람이 되어야겠다는 담대한 포부도 생겼다. 나도 즐겁고 나를 보는 사람도 즐거운 인생이 되면 좋겠다는 웬지 모를 아량도 생겼다.

모든 사람이 성공한 인생을 꿈꾸지만 성공의 기준은 사람마다 다르다. 어떻게 사는 것이 성공한 인생일까? 물음을 던져 본다. 어떤 사람은 돈을 많이 버는 것이라고 말할 것이다. 또 다른 사람은 당당하게 사는 것이라고 할 것이다. 그 밖에도 후회 없이 사는 것, 자기 분야에서 최고가 되는 것 등 각자 생각하는 성공한 인생은 다를 것이다.

데일 카네기는 더 나은 삶을 원한다면 더 나은 가치에 신경 쓰라고 말한다. 나는 돈도 무척 좋아한다. 하지만 돈을 주고도 살 수 없는, 시간이라는 정해진 가치가 있다. 나는 이것을 가족과 공유할 수 있는 우리만의 경험, 우리만의 추억, 여생을 버틸 힘으로 바꾸고 싶다.

요즘 잠들기 전 매일 이미지 트레이닝을 한다. 보통 운동선수에게 적용되지만 나는 나의 콤플렉스라는 부상을 나와 가족의 행복의 재활에 대입시켰다. 무대에서의 당당함과 숨길 수 없는 흥분을 만끽하는 나. 그러면서 유럽의 예쁜 도시에서 가족들의 키보드, 기타, 베이스, 드럼, 바이올린, 색소폰 연주에 맞춰 노래하는 상상. 그렇게 관객과 자연스럽게 소통하는 나. 공연이 끝난 후 근처의 맛집에서 식사하며 서로의 느낌을 공유하고 또 다른 목적지를 향해 함께 출발하는 상상.

네빌 고다드는 《상상의 힘》에서 깨어난 상상력은 목표를 이루게 하는 힘, 소망을 성취하게 하는 힘이라고 한다. 나는 상상의 힘을 믿는다. 뇌는 상상과 현실을 구분하지 못한다. 원하는 바를 생생하게 그리고 이루어졌다고 믿고 행동하면 반드시 이루어지는 이유다.

전 세계를 무대로 거리공연을 하며 맛집을 탐방한다. 이를 유튜브를 통해 방송할 것이다. 그리고 돌아와서는 세계 일주, 버스킹, 세계 맛집 리스트, 숙소 등을 담은 책을 내고 사진전도 열 것이다. 그리고 계속 노래할 것이다. 이것은 내가 살고 싶은 인생 그 자체다. 내 가족들과 나눌 수 있는, 무엇과도 바꾸지 않을 인생 최고의 선물이다.

진짜
소방관 되기

소방공무원, 자기계발 작가, 동기부여가

대한민국 지방직 소방공무원으로 대구 수성소방서에서 근무 중이다. 소방관을 꿈꾸는 사람들에게 자신감과 희망을 심어 주고 있다. 현재 '소방관을 꿈꾸는 자들에게 전하는 조언'을 주제로 개인저서를 집필 중이다.

내 직업은 대한민국 지방직 소방공무원이다. 나는 2018년 7월 9일 자로 발령받아 대구 수성소방서에 재직 중이다. 군 복무기간 공군에서 항공 소방 운전병으로 활동했다. 그것이 바탕이 되어 내 꿈의 틀을 형성할 수 있었다. 나는 누구나 쉽게 얻을 수 없는 기회를 잡았다. 그 기회 덕분에 소방차를 운전할 수 있었다.

나는 군 복무 내내 소방차를 몰 수 있다는 것만으로도 자부심을 느꼈다. 그러다 전역 후 복학했다. 하지만 학교를 다니면서도 '내 꿈은 이게 아니다. 나는 이러한 삶을 원하지 않는다'라는 것을 깨달았다. 그리고 3학년 1학기를 끝낸 시점 나는 수많은 고민 끝에 휴학했다. 그러곤 소방공무원 시험에 도전하게 되었다.

수험 공부를 하면서도 '나는 과연 어떤 소방관이 될 것인가'를 끊임없이 생각했다. '과연 이 길이 내 길이 맞는 것일까. 내가 소방관을 한다면 누구에게 도움을 줄 수 있을까.' 많은 고민을 했다. 하지만 고민만 한다고 해결되는 것은 아니었다. 때문에 '먼저 합격부터 하고 보자'라는 마음으로 도전했다. 그러곤 몇 번의 도전 끝에 소방공무원이 되었다.

하지만 합격했다고 다 소방관이 되는 것은 아니었다. 소방학교에서 몇 개월간 훈련과 교육을 받았다. 그리고 그로부터 한 달 뒤 발령을 받았다. 하지만 내가 생각하는 소방서는 밖에서 보는 모습과 많이 달랐다. 아니, 군대에서 느꼈던 것과 많이 달랐다. 오로지 불만 끄는 것이 아니었다. 구조, 구급, 화재를 비롯해 수많은 행정업무를 담당해야 했다. 나는 우리가 미처 몰랐던 부분들을 처리하고 있었다.

신입 소방공무원으로 근무하며 느낀 점은 '나는 소방관이 되려면 아직 멀었다'였다. 소방용수 점검이라든지 특정 소방 대상물, 다중 이용 업소 등 자료조사를 나갈 때마다 지나가시던 시민분들께서 말씀하신다. "어머… 소방관이세요? 고생 많으십니다. 힘들진 않으세요?" 그러면 나는 이렇게 말한다. "글쎄요…. 저는 아직 잘 모르겠습니다."

나는 시민분들의 말에 "저는 아직 여러분께 소방관이라고 말씀드리기 부끄럽습니다."라고 말하고 싶었다. 나는 배우고자 하는 의

욕은 많다. 하지만 선배님들에 비해 잘하는 것이 많지 않다. 아직 신입이기 때문에 어찌 보면 당연한 일이다. 선배님들은 오랫동안 근무하셨고 이 분야의 베테랑이시다. 단기간에 그분들께서 쌓으신 커리어를 따라가기는 역부족이다. 하지만 축적된 노하우를 어떻게든 얻고자 노력하며 열심히 배우고 있다.

2018년 하반기, 대구 소방본부장님께서 새로 취임하셨다. 그 본부장님께서 가장 싫어하시는 말이 '노력하겠습니다'다. 왜 그럴까? 본부장님께서는 소방관은 노력은 물론이고, 항상 잘해야 한다고 말씀하신다. 우리의 행동 하나하나가 누군가의 생명을 구할 수 있느냐, 없느냐로 이어지기 때문이다. 그러니 노력은 물론이거니와 반드시 잘해야 한다는 것이다. 나는 이 말이 너무 와 닿았다. '잘해야 한다.' 맞는 말이다. 미숙함 때문인지, 이 말이 나의 가슴 한편에 비수가 되어 꽂혔다.

나는 발령받고 난 후 현장 경험이 거의 전무하다고 할 수 있다. 작년 여름과 가을에는 말벌 집 제거를 수십 차례 나갔다. 야간에는 수신기 오작동 처리 및 유기견, 유기묘 구조 활동을 자주 나갔다. 하지만 화재현장 경험은 그에 비하면 매우 적다. 물론 사건사고가 없다면 누군가 안전한 하루를 보내고 있는 것이니만큼 안도감이 드는 게 맞다. 하지만 이런 평온한 상황에서 '만약 내가 큰 화재를 경험하게 된다면 나는 과연 잘할 수 있을까?'라는 의구심도 든다.

우리는 그런 상황에 대비해 항시 훈련하고 준비하고 있다. 매일 매일 장비를 점검하며 시뮬레이션을 한다. 그럼에도 불구하고 나는 불안감을 떨칠 수가 없다. 몇 년 아니, 몇 십 년을 근무하신 선배님들께서 "승환아, 화재현장에서 매뉴얼은 매뉴얼일 뿐이다. 100가지 화재가 발생하면 100가지 상황 모두 다 다를 수 있다. 그 속에서 너만의 현장경험을 살려야 한다. 넌 지금처럼만 하면 잘할 수 있다." 라고 말씀하시기 때문이다.

하지만 항상 용기를 주시고 자신감을 불어넣어 주시는 선배님들 덕분에 나는 '그래 할 수 있다. 나도 할 수 있다. 누군가를 위해 존재하는 우리인데 나 때문에 그 명예를 더럽힐 순 없다'라고 다짐하고 또 다짐하면서 노력하고 있다. 나는 언제 선배님들처럼 진정한 소방관이 될 수 있을까.

간혹 화재현장과 관련한 뉴스 보도가 나올 때마다 지인들께서 연락해 오신다. "야, 승환아! 잘 지내고 있냐. A에서 화재 났더라. 항상 조심하고 다치지 마라."라며. 이렇게들 걱정해 주시니 너무 감사할 따름이다. 내가 누군가를 챙겨 주고 감싸 줘야 하는데. 그분들께서 오히려 나를 더 걱정해 주시고 응원해 주신다. 내가 뭐라고….

나는 그저 내 직업적 소명을 다하는 것뿐인데…. 그런 말씀을 들을 때마다 눈물이 난다. 그래서 더 이를 악문다. 적어도 나에게 용기와 희망을 주시는 분들의 기대에 부응하기 위해 더 열심히 달린다. 그리고 말씀드리고 싶다. "당신이 해 주는 응원과 격려 덕분에 또 한 번 힘을 냅니다. 당신들이 부끄러워하지 않을 소방관이 될 게요."라고.

나는 아직 소방공무원이다. 그것도 임용된 지 반년 좀 지난 신입이다. 내가 소방생활을 하며 중요시 여기는 것은 '어떤 마음가짐으로 소방관을 할 것인가'다. 그리고 내 마음은 '지금은 비록 소방공무원으로 살아가지만, 진정한 소방관이 될 것이라는 희망'으로 가득 차 있다. 나와 함께 근무 중이신 선배님들을 롤모델로 삼는다면 반드시 훌륭한 소방관, 잘하는 소방관이 될 것이라 믿어 의심치 않는다.

"생각대로 살지 않으면 사는 대로 생각하게 된다"라고 했다. 이제는 더 이상 생각만 하지 않고 실천으로 옮기겠다. 앞으로 내가 실천할 것은 이것이다. "나는 죽기 전에 꼭 소방관이 되겠다."

국내외 유명 국립공원 탐방하기

휴직자, 열혈 독서가

다년간 여러 학교에서 회계 관련 업무를 했으며 현재는 휴직 중이다. 미래의 삶의 목표는 국내외의 자연명소를 사랑하는 가족과 함께 여행하며 꾸준히 행복을 추구하는 것이다. 기회와 아이디어가 받쳐 준다면 베르나르 베르베르 작가처럼 평범한 일상을 관찰과 상상을 통해 신선하게 쓰고자 한다.

나는 예쁜 딸을 가진 중년의 평범한 주부다. 반년 전까진 직장을 다녔다. 그러다 갑작스러운 부상으로 추간판장애라는 일종의 허리디스크 병을 얻었다. 거동이 불편해 휴직하고 통원 치료에 매진했다. 그래서인지 지금은 많이 좋아졌다.

다친 후 찌릿찌릿하고 불편한 통증에 누워 있을 수도 서 있을 수도 없을 지경이었다. 잠자리에서도 뒤척이며 여러 날을 지쳐서 잠들곤 했다. 정형외과 약을 먹어도 통증에는 차도가 없었다. 몸이 힘들었는지 두드러기가 온몸에 올라왔다. 나는 양약 투약을 중단했다. 그러곤 허리치료전문 한의원에 찾아가 한방과 봉침 치료를 받기 시작했다.

처음에는 급한 성격인지라 마음이 조급했다. 왜 한 달이 지나도록 허리가 낫지 않는지 한의사 선생님께 여러 차례 상담을 청했다. 하지만 돌아오는 것은 "허리뼈 안의 찢어진 디스크 연골이 아물고 새로운 연골액이 뼈에 채워져야 좋아집니다. 때문에 생성촉진 한약을 드시며 꾸준히 운동하셔야 합니다. 마음을 편안히 가지시고요." 라는 답변뿐이었다.

의사 선생님의 말을 곱씹으며 집에 돌아오는 길이었다. 완연한 봄이었다. 너무나 화창한 날씨는 나의 기분과 대조를 이루었다. 하지만 아름다운 하늘을 보고 따뜻한 햇볕을 쬐니 한편으론 '이렇게 예쁜 하늘을 보는 것이 얼마 만인가?'라는 물음이 떠올랐다. 그리고 '내가 진정한 마음으로 내 몸 돌아보기를 했던 적이 있던가?'라는 질문이 스멀스멀 올라왔다.

학창 시절 나는 집과 학교만 왔다 갔다 하는 단조로운 학생이었다. 학교를 졸업하고는 여러 번의 퇴사를 거쳐 지금의 직장을 구할 수 있었다. 결혼해서는 육아와 직장생활을 병행하느라 생각할 시간 없이 바쁘기만 했다. 먹고사느라 바쁜, 그 흔한 취미생활 하나 없는 재미없고 평범한 아줌마였다.

이런 생각을 하자 처음에는 죽을 맛이었다. 하지만 어쩌겠는가. 이미 몸은 다쳤고 나는 환자인 것을! 엎질러진 물은 주워 담을 수 없다. 하지만 다시 채울 수는 있다는 생각의 전환이 필요했다. 새옹

지마라는 고사성어처럼 흥이 복이 될 수도 있고, 복이 흥이 될 수도 있는 것이 인생사 아닌가. 우리가 길흉을 단정 지을 수는 없는 것이 아닌가. 그런 깨달음이 문득 들었다. 그날 나는 노트에 다가올 날들을 어떻게 살아가고 싶은지 하나씩 적어 가기 시작했다. 노트에 긁적인 것은 아래와 같다.

---

1. 꾸준한 치료를 통해 허리를 호전시킨다. 그래서 공원 산책, 가벼운 등산 등 일상 운동을 할 수 있는 체력을 만든다.
2. 좋아하는 운동을 하나 정해 꾸준히 취미로 삼는다.
3. 아이에게 꾸준히 책을 읽어 주고 일주일에 한 권씩 책을 정해 독서한다(치료 시 집에만 있는 관계로 혹 슬럼프에 빠지지나 않을까 걱정되었다. 그래서 책을 통해 위안받고자 함이었다).
4. 재미있고 설레는 일이라고 생각되면 깊은 고민하지 않고 일단 저지른다.
5. 가족, 친구에게 항상 고마운 마음을 가지고 같이 있는 시간을 소중하게 생각한다.

지금까지 직장생활로 몸이 힘들고 바쁘다는 핑계로 미뤄 두고 실천하지 않았던 것들이었다. 그러나 막상 적고 나니 마음이 날아갈 듯 가볍고 힘이 솟았다. 지금은 비록 아프지만 정신이 이렇게 긍정적이고 건강하지 않나. 그러니 이제 몸만 나으면 된다는 생각이

들었다. 그러자 가슴이 쿵쾅거렸다. 어떤 것을 먼저 할까 기대감이 부풀어 올랐다.

먼저 건강한 몸을 만들기 위해 가벼운 산책을 시작했다. 동네를 천천히 걷는 것으로 시작했다. 무사히 운동을 마치고 오는 날에는 '너무 수고했다'라고 나를 마구 칭찬했다. 욕심부리지 않고 그렇게 꾸준히 운동하자 허리가 호전되기 시작했다. 예전처럼 급한 마음이 찾아올 때면 '이것 가지고는 어림없어! 조금 더 노력해야 돼. 아직 때가 아니야!' 하며 마음을 다스렸다.

그러던 중 지인이 수영이 허리에 좋다고 조언해 주었다. 나는 단번에 수영을 배우자고 마음먹었다. 어릴 적 물에 빠져 더러운 물을 마시고 장티푸스에 걸린 기억이 있다. 그래서인지 예전에도 수영을 배우려고 했는데 무의식중에 몸에 힘이 잔뜩 들어가곤 했다. 그렇게 몸이 물에 뜨지 않아 수영을 포기한 적이 있었다.

그러니 이번에도 몸을 물에 뜨게 하는 것이 관건이었다. 하지만 계속 연습해도 몸이 물에 뜨지 않았다. 나는 수영 유튜브 강의를 보며 뜨는 연습을 계속했다. 한 달 정도 연습하자 몸이 물에 익숙해진 것 같았다. 왠지 내가 자유롭게 유영한다는 생각이 들었다. 그렇게 마음이 편안해지면서 힘이 빠지고 몸이 물에 뜨는 것이 아닌가! 그때의 기분이란, 마치 내가 우주의 무중력 속을 자유롭게 날아다니는 것 같았다.

허리의 통증도 덜했다. 물속에서 이렇게 천천히 몸이 뜰 수 있다니. 이후로 나는 그 매력에 빠져 수영을 좋아하게 되었다. 조금이라도 몸이 찌뿌둥하다 싶으면 수영을 하며 그날의 피로를 푼다. 아직도 연습 단계지만 많이 좋아졌다.

일 이외에 좋아하는 취미가 있다는 것은 살아가는 데 위로가 되는 존재가 있다는 것이다. 집, 직장만을 왕복하며 단순하게 살아간다면 직장과 가정에 문제가 생겼을 때 브레이크 없는 스트레스에 노출되기 쉽다. 그렇게 스트레스가 쌓이다 보면 직장과 가정에 불편한 감정이 쌓이게 된다. 그 결과 일의 비효율 및 사기 저하, 가정 불화와 다툼으로 번지게 되는 것이다.

그림 그리기, 맛집 탐방, 탁구, 등산, 독서, 콘서트 가기 등 취미는 본인이 하고 싶은 것을 고민 없이 하면 된다. 그 자체가 즐거움이기 때문이다. 정말 좋아하는 취미는 이제껏 자신이 가지지 못했던 설렘을 가져다준다. 삶의 활력소가 되는 것이다.

이렇게 꾸준한 운동으로 몸이 호전되기 시작했다. 그러자 나는 용기를 내어 산을 올라 보기로 마음먹었다. 무리하지 않고 힘이 허락하는 위치까지만 가 보자고 마음먹었다. 그러곤 우연히 사진을 보고 매료되어 꼭 한 번 가 보고 싶었던 주왕산 국립공원에 도전했다. 다행히 남편이 시간을 비워 같이 동행해 주는 바람에 마음이 놓였다.

들어가는 입구부터 구름 낀 산의 아름다움에 그만 매료되었다. 조용하며 고즈넉한 흙길에 이제껏 한 번도 보지 못한 다람쥐가 반겨 주는 행운은 덤이었다. 산 중턱에 다다르자 우리나라에서 보지 못한 기암괴석과 시원한 폭포가 나타났다. 그 풍광을 눈에 담으며 나는 "멋지다! 멋지다!" 연신 환호성을 질렀다.

이후 나는 국립공원에 매료되었다. 이제껏 다녔던 동네 산은 비교도 되지 않는 감동이었나 보다. 그 후로도 남편을 졸라 내장산 국립공원, 북한산 국립공원을 짬짬이 다녀왔다.

국립공원은 자연환경보호법에 따라 국가가 천연적인 아름다움을 간직한 자연을 보호하기 위해 지정한다고 한다. 또한 희귀한 동물의 서식지 등을 보호하기 위해 지정한다고 한다. 그러므로 우리가 지켜야 할 문화유산일 뿐 아니라 우리가 아끼고 사랑해야 할 존재임이 틀림없다. 내가 다녀온 국립공원 모두 너무나 아름답고 좋은 추억들만 가득 안겨 주었다. 그래서 나는 매년 국립공원 탐방 계획을 세우려고 한다. 내가 살아 있는 그날까지 국내는 물론 국외의 국립공원을 방문하는 장기적인 목표를 세우고 있다.

세상은 우리에게 멈추지 않고 끊임없이 활동(일, 공부)하지 않으면 도태된다고 가르친다. 우리는 어떤 길이 자신에게 진정한 행복한 길인지 성찰의 과정을 거치지 않는다. 또한 왜 공부를 해야 하는지 이유 불문하고 불안감에 빠져 공부중독자로 길러진다. 20대가 되면 번듯한 대학에 입학해야 한다. 30대가 되면 대기업에 입사해야 한다. 그것을 성공모델로 삼는다. 그리고 혹여나 그 테두리에서 벗어나면 실패자라고 여기며 동정 어린 눈길로 바라보는 것이 우리의 현실이다.

우리는 그런 사회 분위기 및 교육제도의 틀(환경) 속에서 자라왔다. 그런 만큼 그 틀이 썩은 우물인지 모르고 산다. 그리하여 우리는 우물 안의 개구리처럼 우물 안에만 머물러 있다.

직장인, 일반 주부도 마찬가지다. 직장, 가정이라는 틀(환경)에 완전히 매몰된다. 편향된 단조로운 우물은 썩게 마련이다. 그러니만큼 우리는 죽기 전에 정말 좋아하는 취미를 가져야 한다. 기댈 수 있는 나만의 뭔가를 만들어야 한다. 국립공원과 같은 열린 환경을 접함으로써 직장, 가정과 같은 편향된 우물 환경에서 벗어나야 한다. 그래야 넓은 사고와 행복의 유연성을 생각할 수 있는 기회를 잡을 수 있다.

틀을 깨는 데 처음에는 어려움이 있을 수 있다. 여러 가지 핑계를 찾는 자기 자신을 발견할지도 모른다. 한번 용기를 내어 그 우물에서 벗어나자. 그러면 당신은 걷잡을 수 없는 변화로 인한 자신의 내적 성찰, 깨달음과 설렘, 행복감에 맞닥뜨릴 것이다. 그렇게 계속되는 인생의 여러 감탄사가 홍수처럼 밀려들 것이다. 죽기 전에 내가 그때 참 잘했다는 생각이 들 것이다!

월 5,000만 원 수익을 창출하는
1인 기업가 되기

1인 마케터, SNS 공동구매 쇼핑몰 운영자, 동기부여가

SNS 공동구매 쇼핑몰을 운영 중이다. 동기부여가라는 꿈을 안고, 남녀노소 누구나 1인 마케터가 될 수 있다는 메시지를 전달하는 교육 멘토로 활동 중이다.

나는 1989년생으로 올해 서른 살이다. 멀게만 느껴지던 서른 살. 가끔은 나도 놀란다. '내 나이가 벌써 서른이나 됐어?' 우리나라 사람들은 유독 나이의 앞자리 숫자가 바뀌는 데 예민하다. 여자 서른 살이면 다 늙었다는 듯이, 마치 인생이 끝났다는 듯이 호들갑을 떤다.

10대 때의 나는 30대가 되면 결혼해서 가정을 꾸리고 살 줄 알았다. 하지만 지금의 나는 결혼보다 성공을 꿈꾼다. 개개인의 기준에 따라 다르겠지만 성공에서 '돈'이라는 개념은 빠질 수 없다. 하지만 나에겐 타인에게 가장 좋은 모습으로 기억되며 내 이름 '세 글자'만으로 호감을 사는 것이 성공이다.

사람들에게 부담 없이 내 능력 안에서 도움을 줄 수 있는 사람이 되고 싶다. 나는 대학 졸업 후 남들처럼 직장생활을 하며 평범하게 살아왔다. 화장품계에서 알아주는 대기업에 취직해서 어린 나이에 나름 적지 않은 월급을 받았다. 버는 만큼 쓴다고 씀씀이도 나름 컸던 것 같다. 사실 그때부터 돈맛이란 걸 알았는지도 모른다.

　　돈이란, 가지고 있을 때보다 소비할 때 그 당사자를 좀 더 제대로 보여 준다. 한 달 동안 사용한 카드명세서, 1년 동안의 지출내역은 그 사람이 누구인지를 제대로 말해 준다. 사람들은 자신이 좋아하고, 사랑하고, 중요하다고 생각하는 것에, 포기할 수 없는 것들에 돈을 지출하기 때문이다.

　　그러면 나는 무엇을 좋아하고 중요하게 생각해 포기할 수 없었을까? 내 나이 스물다섯 살 때였다. 직태기(직장 권태기)라는 것이 왔다. 난 1인 창업에 도전해 보겠다며 직장생활에 마침표를 찍었다. 그때 그 시절에는 지금처럼 SNS라는 것이 많이 발달되어 있지 않았다.

　　스마트폰이 나온 지 얼마 되지 않은 시점에 다양한 어플이 생겼다. 그중 한 어플을 통해서 쇼핑몰을 시작하게 되었다. '몰'이라고 하기엔 초라하지만 작게 내 공간에서 하나둘 판매를 시작해 봤다. 처음에는 가족, 친한 지인들을 통해 물건을 팔았다.

처음에 그들은 나를 무시했다. "사람도 없는데 여기에서 물건이 팔려?", "이것 말고 A를 해 봐." 나도 내 나름대로 생각한 게 있는데. 그냥 생각 없이 던진 상대방의 한마디가 나에게 비수가 되어 꽂혔다. 그때 다짐했었다. '보란 듯이 성공해야지! 된다는 것 꼭 보여 줘야지!'

그렇게 시간이 많이 지나서야 동종업계 사람들도 알아 가며 나름 자리도 잡게 되었다. 그리고 운이 좋게 큰돈을 벌 수 있게 되었다. 많게는 하루에 100만 원을 번 적도 있었다. 순이익으로만 한 달에 1,000만 원을 찍기도 했다. 그때는 운도 좋았으며 시기도 잘 맞았었던 것 같다.

쇼핑몰은 나름 장점도 있지만, 남들에게는 쉽게 보일 수도 있었다. 그저 집에서 시간에 구애받지 않고 휴대전화 하나만으로도 장사할 수 있었으니까. 당시 주위에 비쳐지는 내 모습은 마치 스마트폰 중독자 같았을 것이다. 하지만 쇼핑몰은 장소와 시간에 제약받지는 않지만 몰입한 만큼 수입이 결정되는 시스템이었다. 때문에 고객 문의나 내 마케팅을 멈출 수가 없었다. 고객의 구매욕구도 타이밍이라고 생각한다. 바로 소통이 되지 않으면 사고 싶었던 마음도 순간 사라지는 게 사람 심리이기 때문이다. 이는 하루 매출에 집착하는 이유이기도 하다.

그렇지만 나는 월급쟁이가 아니었다. 때문에 내 미래는 늘 불안정했다. 얼마 전 나는 아모레퍼시픽에서 판매하는, 마시는 콜라겐 건강식품을 구매했다. 나는 아모레퍼시픽이라는 브랜드를 믿고 구매한 것이다. 대부분의 사람들이 그렇듯 나 역시 제품의 브랜드를 보고 구매를 결정한다. 이를 통해 나는 내 이름을 브랜딩하면 투자 시간이 줄어들고 상대방이 알아서 나를 찾아올 것이라 생각하게 되었다. 나는 어떻게 하면 나만의 브랜드를 만들고 활성화시킬 수 있을지 생각했다. 그러다가 SNS 마케팅 공부에 다다르게 되었다. 나는 공부를 하면서 그동안 내가 몰랐던 꿈과 비전을 발견할 수 있었다. 배움에는 끝이 없는 듯, 알면 알수록 신기하다.

요즘은 무엇을 시작하든 SNS는 정말 필수라고 생각한다. "SNS 마케팅은 선택이 아닌 필수다."라는 말이 정말 맞는 것 같다.

버킷리스트를 작성해서 매일 보는 사람이 몇 명이나 될까? 내 버킷리스트에 항상 들어 있었던 목록이 있다. 몇 가지 공유해 보자면 다음과 같다.

- 벤츠 타기
- 현금 1억 원 만들기
- 부모님과 크루즈 여행 가기
- 월 5,000만 원 이상 순이익 거두기

나의 꿈이 허상이 되지 않고 실현되기 위해서는 계획이 동반되

어야 한다는 것을 안다. 때문에 '버킷리스트'가 우리 인생의 가장 멋진 계획이라고 생각한다. 버킷리스트는 내 꿈이 실현될 수 있도록 돕는 '도구'이기 때문이다.

나는 1인 브랜드 기업가로 성공해서 '월 5,000만 원 달성'이란 목표를 이루려고 한다. 그러기 위해 지금도 '어떻게 해야 더 성장할 수 있을까?, 이 자리에서 더 나아갈 수 있을까?' 고민한다.

나는 또한 동기부여해 주는 강연가의 꿈을 향해 나아갈 것이다. 그래서 나와 같은 여성들에게, 또한 경력단절 여성들에게 시간적 자유를 누리며 적게 일하고 많이 버는 시스템을 찾아 줄 것이다. 그러기 위해 더 열심히 마케팅하며 1인 브랜드를 만들 것이다.

나만의 색깔을 가진 나의 브랜드 만들기

사업가, 엄마 작가, 동기부여가

치위생과 졸업 후 병원 근무와 임상 관련 강의를 했다. 그러다 자신이 가진 가치를 극대화시켜 브랜드화하고 싶다는 오랜 생각 끝에 직장을 그만두었다. 자신의 수많은 실패와 도전들이 훗날 누군가에게 '당신도 할 수 있다'는 빛이 되고 꿈이 되길 소망하며 오늘도 열심히 달린다.

'띠리리, 띠리리.'

내 아침을 깨우는 알람소리다. 남편과 나는 5분이라도 더 포근하고 폭신한 이불 속의 체온을 유지하기 위해 안간힘을 쓴다. 곤히 잠든 아기가 깰까 봐 잠도 덜 깬 채로 서로 알람을 끄라고 채근한다. 결국은 아기가 제일 먼저 눈을 뜬다. 오늘 아침도 우리 가족은 이렇게 하루를 맞이할 준비를 한다.

'34세.' 현재의 나를 표현해 주는 가장 정확한 숫자다. '워킹맘.' 언제부턴가 내 앞에 늘 붙는 수식어가 되었다. 나도 모르는 사이 그 무언의 끌림에 대한민국 워킹맘들에게 맹목적인 지지와 공감을 보내기 시작했다.

지금의 나의 세대는 남아 있는 전세 대출금과 육아와 물가를 걱정하는 세대다. 어린 날 엄마가 채소값이 오르는 걸 걱정할 때 나는 그깟 100원, 200원이 뭐 그리 큰가 생각했었다. 그랬던 내가 콩나물값이 오르는 걸 걱정하던 그때의 내 엄마의 모습으로 성장한 것이다. 나를 둘러싼 주변의 현실은 시간이 흐른다고 크게 변하지 않았다. 그때의 나만 변한 것이다.

10년이 지나도 누군가는 또다시 오르락내리락하는 물가를 걱정하고 있을 것이다. 나와 나의 엄마처럼. 허나, 나는 이러한 현실에도 올해 초반 직장을 그만두었다. 아주 예전부터 생각했던 일이었다. 하지만 어느 정도 안락하고 따뜻한 현실의 유리막을 깨고 바깥세상으로 나올 자신이 없었다. 때문에 그동안 쉽사리 선택할 수 없었던 일이었다. 직장을 그만둠으로써 나는 지금 따뜻한 유리막을 깨고 다른 세계에 와 있다. 적은 급여 때문이 아니었다. 직장 상사나 동료들과의 불화 때문도 아니었다. 육아 때문은 더더욱 아니었다.

나는 그렇게 인정받으며 잘 다니고 있던 직장을 그만두었다. 그 말에 어쩌면 누군가는 내가 뭔가 안정적인 생활기반을 마련해 놓고 퇴사를 선택했다고 받아들일지도 모르겠다. 하지만 결코 그렇지 않다. 우리 가족은 여전히 그대로다. 아직도 남편과 나에겐 갚아 나가야 할 대출금이 있다. 매달 나가는 생활비도 적지 않다.

하지만 이런저런 이유로 내가 나아가고자 하는 길목에서 멈춰

서게 된다면? 어떠한 선택의 순간에도 난 현실의 벽에 부딪치고 말 것이다.

나에겐 지금의 85년생 임미영도 너무나 소중하다. 모두에게 생은 한 번뿐이다. 내가 글을 쓰고 있는 지금 이 순간도 생에 한 번뿐일 것이다. 만약 내가 아직도 유리막 안에서 바깥세상을 동경하는 어른으로 안주하고 있었다면 지금의 나는 없을 것이다.

아주 작은 기회라도 스스로 준비되지 않은 사람에겐 그 기회의 빛을 발견할 재간이 없다. 실패하더라도 준비하고 도전하는 과정은 중요하다. 가 보지 않은 길을 동경만 하며 시간을 허비하는 건 얼마나 안타까운 일인가. 길목에 서서 동경만 하는 대신에 상상하고 그려 내고 만들어 낸다면 실패하더라도 분명 남는 것이 있을 것이다. 그 과정 안에서 다른 무언가를 만들어 낼 수도 있을 것이다.

나는 직장에서 과분할 만큼 인정을 받았다. 내 전공을 살려 강의도 여러 차례 했었다. 물론 그 처음의 시작들이 간절하지 않았던 건 아니다. 그때의 나는 그 누구보다 간절했고 원했던 일들이다. 그렇게 되기까지 스스로를 채찍질하며 무던히도 노력했다. 그러나 지금 나는 전공과는 전혀 다른 길로 가고자 한다. 내가 죽기 전에 한 번쯤 꼭 하고 싶던 일이기 때문에 새로이 시작하려고 한다.

나는 나만의 색깔을 가진 나의 브랜드를 만들 것이다. 남을 위해 나의 능력을 서포트하지 않을 것이다. 다른 이의 회사의 자양분의 역할을 하지 않을 것이다. 나의 브랜드를 위해 나의 역량을 발휘할 것이다. 나의 색을 입혀 나의 능력치의 한계를 끌어올릴 것이다. 그런 브랜드를 만들어 훗날 수익의 일부를 다른 사람들의 멈춰진 꿈을 이루는 데 쓰이게 하는 게 나의 가장 큰 바람이다. 비록 아직은 작은 날갯짓에 불과하다. 하지만 꿈은 꾸는 사람을 닮아 가듯 언젠간 비상하리라 믿어 의심치 않는다.

오늘의, 지금의 내 기록이 내 꿈을 이루는 한 걸음이 되길. 누군가 꿈을 이루는 데 조금이라도 용기가 되길. 또한 나의 작은 아들이 훗날 이 글을 보고 실패를 두려워하지 않는 사람이 되길. 원하는 무언가를 현실적인 이유로 포기하지 않길 바란다.

나의 성공을, 너의 성공을 그리고 나와 너의 성공 앞에서 마주할지도 모를 실패 또한 응원하고 격려한다. 나와 그리고 너의 꿈을 지지하고 응원한다.

다음은 《디지털 노마드》에 나오는 일부분이다.

> **"당신이 할 수 있다고 생각하든, 할 수 없다고 생각하든 당신의 생각은 옳다."**

당신의 생각은 옳다. 고로 나의 생각은 옳다. 지금의 나의 선택 또한 옳다. 행여 실패한 선택일지라도.

진짜 교육을 하는
학교 세우기

상담사, 독서지도사, 비전 코치, 컨설턴트, 영어 강사, 작가, 동기부여가

어린 시절부터 도전하는 삶을 살고 있으며 그 도전은 여전히 진행 중이다. 과거엔 해병대, 인명구조 강사, 워킹홀리데이, 해외여행, 영어 강사를 했고 현재는 심리상담사, 비전 코치, 예비 작가의 삶을 살고 있다. 미래에는 동기부여가, 1인 창업, 컨설턴트를 목표로 삼고 있으며 더 나아가 교육 프로그램, 학교를 만들고자 한다. 현재 나를 바꾸는 책 읽기를 주제로 개인저서를 집필 중이다.

김태광 대표 코치님을 통해서 《파이프라인 우화》라는 책을 알게 되었다. 책의 내용은 이러하다. 육체를 사용해서 물을 길어 마을까지 운반해 돈을 버는 방법과 파이프라인을 연결해서 물을 운반해 돈을 버는 방법, 이 두 방법을 비교하는 이야기다.

이 우화를 접하면, 보다 쉽게 그리고 오래 돈을 벌 수 있는지 그 방법을 생각해 보게 된다. 물론 파이프라인을 만드는 일은 쉬운 일이 아니다. 육체의 노동과 시간이 많이 들기 때문이다.

죽기 전에 꼭 하고 싶은 것들이라는 주제를 듣고 여러 생각이 들었다. 어떤 단어로 표현해 보면 구체적일 수 있을까? 여러 가지 단어

중, 나는 나의 직업에 관해 써 보려 한다.

나는 어릴 적부터 하고 싶은 일들이 많았다. 예를 들어, 과학자, 사업가, 영업사원, 마케터, 기술자, 선생님, 교수, 승무원, 컨설턴트, 상담사, 선교사, 작가 등등. 그 이유는 호기심이 누구보다 많았기 때문인 것 같다. 물론 아직까지도 나의 호기심은 매우 강하다.

나이를 먹으면 먹을수록 아는 것은 많아지는 것 같다. 실수도 줄어들고 지혜가 많이 생기는 것 같다. 조금 더 안정적인 삶을 살게 되는 것 같다. 마음의 평안이랄까? 하지만 겉으로 보면 나이를 먹는다는 것은 육신이 약해지고 주름이 늘어나고 또 죽을 날이 다가오는 것일 수도 있다. 그러나 지금은 백세시대다. 그런 만큼 아직 나는 젊다고 생각한다. 이제 내 인생의 10분의 3을 살았을 뿐이기 때문이다.

나는 지금 상담가, 학습 코치, 비전 코치로 일하고 있다. 상담은 실력만 있으면 큰돈을 벌 수 있는 일이라는 생각도 든다. 하지만 양심을 따라야 하는 일이 아닐까? 왜냐하면 상담을 대가로 큰돈을 요구하기가 어렵기 때문이다. 지금 한국의 경제상황상 다들 어렵다는 것을 알기 때문이다. 하지만 나는 이 일이 잠재력이 있고 가치가 크다고 믿고 있다.

내가 이 일을 하게 된 계기가 있다. 지인의 추천으로 청소년 상담센터에서 학교 밖 청소년들의 학습 멘토로서 재능기부, 즉 봉사를 하게 되었기 때문이다. 학습 멘토는 학교를 그만둔 청소년들이 검정고시를 볼 수 있도록 도와주는 역할을 하는 사람이다. 학교 밖 청소년들은 대부분 중학교, 고등학교를 중퇴한 학생들이다. 아니 중퇴했으므로 더 이상 학생이 아니다. 그렇다고 어른도 아니다. 그냥 청소년인 것이다. 학교 밖 청소년이 되는 과정은 모두 다르다. 하지만 모두 비슷한 상황에 처해지게 된다.

운동을 했었던 친구가 있다. 그는 전국체전 중 부상을 입어 더이상 운동할 수 없는 환경에 처하게 되었다. 그 친구는 자신이 운동을 계속할 수 있을 것이라 생각했었던 것 같다. 운동을 할 수 없는 환경이 되리라고는 생각지도 못했다. 때문에 다시 학교에 가서 공부할 수 있다고는 상상도 못했을 것이다. 이 경우는 그의 부모님도 마찬가지였을 것이다.

부상으로 인해서 학교까지 그만둔 만큼 진퇴양난이었다. 운동을 하기에는 몸이 불가능해 보였고, 그렇다고 줄곧 안 했던 공부를 시작하는 것도 막막해 보였다. 보통 운동은 공부를 못하기 때문에 시작하는 경우가 많기 때문이었다. 그래서 이 친구의 경우 열여덟 살인 고2 겨울에 고등학교를 그만두고 검정고시를 공부했다. 그러다가 포기하고 지금은 중졸 스무 살 성인이 되었다. 나는 너무나 마음이 아팠다. 어떻게 하면 이런 학생들이 학교를 그만두더라도 상처받지 않고 대한민국에서 살 수 있을까 고민해 보는 계기가 되었다.

그리고 다른 한 친구가 또 기억난다. 어릴 때부터 부모님의 잦은 불화, 다툼, 폭력 등이 있었다고 했다. 내 기억으로는 이 친구가 매년 이사를 다녔다고 한다. 열여덟 살 때 처음 만났는데 이사를 열여덟 번이나 다녔다고 했다. 정서가 매우 불안정해 보였다. 사람을 못 믿고 무엇을 해야 할지도 모르는 상황이었다.

그나마 관심이 있었던 것은 요리였다. 학습 멘토 쌤을 위해서 요리도 해 주던 착한 친구였다. 하지만 세상 어른들의 시선에는 답이 없는 아이처럼 보였을 것 같다. 분명 이 친구도 자신이 원해서 이런 삶을 사는 것은 아닐 텐데. 무척 마음이 아팠다. 이 친구는 지금도 자신의 꿈을 위해서 열심히 살아간다. 하지만 여전히 중졸이다. 그런 만큼 세상 사람들로부터 따가운 눈총을 받을 수도 있을 것이다. 하지만 꿋꿋이 당당히 살아가길 바라는 마음이다.

이 두 친구의 제일 큰 공통점은 부모님의 부족한 지식이라고 생각한다. 요즘 시대에는 사회에서의 부족함은 어쩔 수 없이 가정에서 채워 줘야 한다. 그들의 부모가 어떻게 해야 할지를 알았다면 그들이 이처럼 방치되지는 않았을 것이다. 이 부분을 채워 주기 위해서 나는 교육과 학교를 생각해 보게 되었다.

이런 경험들을 토대로 나름 몇 가지의 꿈이 더 생기게 되었다. 죽기 전에 꼭 하고 싶은 것! 그것은 바로 학교를 만드는 것이다. 요즘 대안학교가 인기가 많은 것 같다. 그것처럼 나도 입시에 허덕이는 교육이 아닌 진짜 교육을 해 보고 싶은 생각이 드는 것이다. 물론 혼자서는 힘들 수도 있다고 생각한다. 아니 혼자서는 불가능하다. 많은 분들의 도움이 필요하다. 그렇게 많은 사람들의 마음이 모이고 생각이 모이고 돈이 모인다면 충분히 가능할 것이다.

이 글을 읽고 감동한 사람, 필요성을 느끼는 사람이 있을 것이다. 그들과 함께 모여서 진짜 교육, 진짜 학교를 만들어 보고 싶다. 한국 교육의 한계, 교육 시스템이 변하지 않는 원인을 파헤치고 진짜를 만들어 보고 싶다. 이렇게 죽기 전에 꼭 갖고 싶은 직업은 하나둘씩 더 늘어 가고 있다. 정말 기대되는 삶이다.

삶에 소망을 불어넣는
동기부여가 되기

직장인, 자기계발 작가

직장인으로 안전관리 업무를 주로 하고 있다. 과거의 직업군인 생활과 군무원, 여러 직장생활 경험을 바탕으로 자기계발 작가이자 대화 코치 및 대화법 전문가가 되고자 한다. 또한 제대로 된 소통으로 더 나은 사회를 만들겠다는 꿈을 그리며 청소년부터 대학생, 20~30대 직장인들을 대상으로 대화법에 대한 상담과 지도를 진행하고 있다. 현재 '센스 있는 대화법'을 주제로 개인저서를 집필 중이다.

"앞으로 어떤 인생을 살고 싶은가?", "죽기 전에 하고 싶은 것들은 무엇인가?"라는 질문에 선뜻 답하지 못하는 나의 모습을 글을 쓰면서 느끼게 되었다. 나라는 사람이 이루고 싶은 꿈은 정말 무엇일까? 어릴 적에는 과학자나 의사 등 남들과 별반 다를 것 없는 꿈이나 장래희망을 가지고 있었다. 그랬던 내가 직업군인을 거쳐 지금은 건설 현장에서 일하는 사람으로 살고 있다. 이것이 정말 내가 원했던 삶일까?

나는 11남매의 장남이다. 어릴 적 부모님의 잦은 다툼과 그 영향력 아래에 있는 우리 남매들을 보았다. 그런 가운데 나라는 사람은 누구인가? 왜 이렇게 태어났을까? 왜 이런 가정에 태어났을까? 의문을 품었다. 열심히 해 보려 하고 성실하게 노력도 해 보았다. 그러나 늘 뜻대로 되지 않는 모습들에 '그냥 될 대로 되겠지' 하며 방황했던 적도 많았다. 장남으로 자라서인지 인생에 대한 고민을 어릴 적부터 했던 것 같다.

'자기계발 서적을 읽으면 성장할까?'라는 막연한 생각에 시끄러울 때면 늘 책을 폈던 기억이 난다. 책의 내용은 머릿속에 들어오지 않았지만 그냥 무작정 읽어 내려갔다. 그러던 중 문득 세상에 많은 가족이 있는데 왜 어떤 가족은 행복하고 어떤 가족은 불행하게 살고 있는지 의문이 들었다. 그리고 그 의문은 나에게 사람들의 정신적인 측면을 고쳐 주는 일종의 의사가 되고 싶다는 생각을 가지게 했다. 그러면 우리 가족이 행복해지고, 우리 가족이 행복해지면 사회가 밝아지고 행복해지리라 생각했었다.

'수신제가치국평천하(修身齊家治國平天下)'라는 말을 마음속에 늘 간직하고 있다. 그것은 나부터 다스리고 그다음은 가정을 다스리고 그다음은 나라를 통치하고 천하를 평화롭게 한다는 뜻이다. 공자께서 하신 말씀이라는 것 정도만 알고 있다. 나는 이 말처럼 먼저 나 자신부터 다스리고 행복하면 내 주위의 모든 이들이 그러리라 믿는다.

앞으로 나는 시간에 구애받지 않고 부모님께 이전에 해 드리지 못했던 최고의 것을 해 드리고 싶다. 그리고 내 10명의 동생들의 최고의 조력자가 되고 싶다. 내 인생을 희생했다고 누군가에게 자랑스럽게 떠드는 삶을 살고 싶진 않다. 나 스스로 최고의 삶을 살고 싶을 뿐이다. 슈퍼카를 타고 전망이 좋은 아름다운 집에서 살고도 싶다. 또한 보이지 않는 가치를 높이고 싶기도 하다. 아니, 보이지 않는 가치를 높여 오히려 눈에 보이는 것들을 화려하게 치장하고 싶다. 나는 어떤 인생을 살고 싶은가? 나는 풍요롭고 행복하게 그리고 기쁘고 즐겁게 살고 싶다. 타인에게 무한정 도움이 되는 그런 사람이 되고 싶다.

모든 사람들이 행복해졌으면 하는 것이 나의 바람이자 꿈이다. 죽기 전에 꼭 이루고 싶은 나의 꿈은 내가 느낄 수 있는 행복이란 행복은 다 누리는 것이다. 슈퍼카를 타고, 아름다운 전원주택을 지어 살고 싶다. 부모님께도 멋지고 아름답고 편안한 집을 지어서 선물하고 싶다. 몸이 불편하신 아버지께 최고의 의료혜택을 누리도록 해 드리고 싶다. 그렇게 건강을 선물하고 싶다.

또한 아버지, 어머니께 최고의 교육을 받게 해 드리고 싶다. 그래서 제대로 배우지 못한 설움을 씻겨 드리고 싶다. 동생들에게는 최고의 형, 오빠가 될 것이다. 최고의 조력자가 되어서 질 좋은 교육을 받을 수 있도록 할 것이다. 그렇게 낮은 자존감을 살려 주어 최고로 영향력 있는 사회 구성원으로 성장시킬 것이다. 나는 나도 행복하고 내 주위 사람들도 행복하면 좋겠다. 그리고 세상 모든 사람들이 행복했으면 좋겠다.

언젠가 넷째 동생의 딸인 조카를 두고 홀로 눈시울을 적신 적이 있었다. 지금 아홉 살인데도 정신적인 수준이나 학습 수준이 그 나이에 한참 못 미친다. 그 모습을 보니 '내가 과연 해 줄 수 있는 것이 무엇인가?'라는 물음이 떠올랐다. 나는 내가 지금 아무것도 해 줄 수 없다는 사실에 너무 화가 났다. 정말로 슬픈 일이었다. 그래서 다짐한 것이 누군가에게 꼭 필요한 사람이 되자는 것이었다.

요즘은 책도 더 심도 있게 읽는다. 생각을 긍정적으로 변화시키는 미디어를 접한다. 그러면서 더욱더 나 자신을 성장시킬 수 있는 방법이 무엇일까 고민한다. 내 삶의 진정한 목적은 무엇일까? 그냥 나 혼자 잘 먹고 잘살면 되는가? 아니면 다른 무엇이 더 있는가? 또한 지금의 모습과 실력으로 누구에게 어떻게 도움이 되겠는가? 이것은 절망과 낙심이 아닌, 삶을 긍정적으로 바라보기 위한 하나의 도전 과제가 아닐까?

이제껏 어떤 것에든 영향력이 미미했다. 나에 대한 믿음도 부족했다. 하지만 이제는 달라지고 싶다. 아니 달라질 것이다. 달라지고 있다. 내가 살아가는 목적은 행복한 삶이다. 또한 타인에게도 선한 영향력으로 행복한 삶을 선물해 주고 싶다. 그런 사람으로 살아가는 것이 큰 행복이라 믿는다.

행복이라는 것은 절대적인 기준이라기보다 상대적인 기준에 가깝다고 생각한다. 그렇게 사회 속에서 비슷한 꿈과 목적을 가지고 살아간다고 생각한다. 그 가운데 특별한 나만의 꿈, 그리고 반드시 이루고 싶은 나의 꿈을 꾸고 이루어 가는 삶을 살고 싶다.

내가 성공하고 행복하고 즐거워야 타인에게도 그렇게 해 줄 수 있다. 나 스스로가 불행하고 우울한 삶을 살면서 타인에게는 그렇게 살지 말라고 하는 것은 동기부여가 아니라 강요일 뿐이다. 나는 앞으로 진정한 성공자인 동시에 동기부여가의 면모를 갖추어 갈 것이다. 그래서 꼭 모두가 행복한 삶을 살도록 동기부여해 줄 수 있는 그런 사람이 될 것이다. 반드시 그렇게 될 것이다.

29 - 42

송종학 장소녀
김준우 김진수
문혜연 이승우
최서영 박서현
김은혜 박선정
고선애 신소영
이종혁 황지영

생을 마감할 때까지
씨 뿌리는 농부로 살기

가정회복운동 전문가, 인성 지도사, 패밀리 코치, 가정사역자, 동기부여가

한국미래교육컨설팅 대표로 재직 중이다. (사)두란노아버지학교 전문 강사, 국민권익위원회 청렴교육 전문 강사, 국민연금공단 노후준비 강사, 서울특별시 건강가정지원센터 전문 강사, (사)한국코치협회 패밀리 코치, 한국강사은행 부총재 등으로 활동 중이다. 또한 상처받고 아파하는 이웃들이 풍성한 열매를 맺길 바라는 마음으로 강연과 코칭, 저서 활동을 하고 있다.

오늘날 우리 사회가 안고 있는 문제의 이면에는 대부분 가정이 있다. 가정의 문제로 많은 혼돈을 겪고 있는 것이다. OECD 국가 중 자살률 1위, 청소년 사망 원인 1위 자살, OECD 국가 중 이혼율 1위, 황혼이혼 급증, 최저 혼인율, 최저 출산율, 졸혼(결혼생활을 졸업한다는 뜻), 행복지수 최저 수준, 최악으로 치닫는 끔찍한 범죄 등 우리 사회의 미래는 불안하기만 하다.

프랑스 속담에 "가정은 국가의 심장이다."라는 말이 있다. 심장이 튼튼해야 원활하게 혈액순환이 되어 건강한 몸을 유지하게 된다. 그런데 국가의 심장인 가정이 부실하다 보니까 우리 사회 구석

구석에 아픔과 진통이 드리우게 되는 것이다.

노벨 평화상을 수상한 테레사 수녀에게 신문 기자가 물었다.

"어떻게 하면 세계 평화가 오겠습니까?"

그녀의 대답은 너무나 간단했다.

"가정으로 가서 가족들을 사랑하십시오."

미국의 퍼스트 레이디였던 바버라 부시 여사는 대학 졸업식에서 이런 말을 했다.

"여러분, 미국의 장래가 백악관에 달려 있다고 생각하십니까? 미국의 장래는 백악관이 아니라 여러분의 가정에 달려 있습니다."

세계적으로 유명한 가족치료사인 버지니아 사티어는 "가정은 사람을 만드는 공장이다."라고 말했다. 공장에서 좋은 제품을 많이 만들어 시장에 내놓아야 시장경제가 살아나고 국가경제도 튼튼해진다. 마찬가지로 가정에서도 건강한 사고방식, 건전한 삶의 태도와 가치관, 자아상을 가진 자녀를 양육해서 사회에 내놓아야 한다. 그래야 사회가 건강해지는 것이다.

가정의 문제는 곧 관계와 소통의 문제다. 그러므로 올바른 가족상과 부부, 부모, 정체성, 자아상을 추구해야 할 것이다. 그렇게 실추된 부모의 권위를 회복해야 할 것이다. 그럼으로써 소통이 부재한 가정의 진정한 행복을 되찾아야 할 것이다. 그래야만 건강한 사회가 만들어질 것이다.

진정한 행복은 어디에 숨어 있는 것일까? 나는 가족 구성원의 마음속이라고 생각한다. 아무리 힘들고 어려워도 마음속에 감사와 기쁨을 담고 있어야 할 것이다. 그렇게 서로 힘이 되어 주는 가정이라면 행복할 것이다.

나에겐 한 가지 꿈이 있다. 강연과 코칭, 책 쓰기 등의 활동을 통해 듣는 이들의 마음에 작은 씨앗 하나를 심는 것이다. 그리고 그들이 머지않은 미래에 작은 씨앗에서 싹과 잎이 나고 꽃이 피고 풍성히 열매 맺는 것을 보며 웃을 수 있으면 족하다. 이 땅의 가정에 감사와 기쁨의 씨앗을 뿌리는 것이 나의 꿈이고 사명이다.

영화 〈버킷리스트〉에는 불치병에 걸린 두 노인이 나온다. 즉, 콜과 카터가 죽기 전에 꼭 하고 싶은 일의 목록을 작성한다. 그들은 주변의 만류에도 여행을 떠난다. 이집트에서 황혼에 잠긴 피라미드를 보면서 카터가 말한다.

"천국의 문 앞에 서면 신이 질문을 하는데, 그 질문이 무엇인지 아나? 바로 '인생의 기쁨을 찾았느냐?'라네."

이에 콜은 "나는 인생에서 기쁨을 찾았다."라고 대답한다. 그러자 카터가 다시 말한다.

"자네 인생이 다른 사람들을 기쁘게 했나? 죽기 전에 자신을 위해 하고 싶은 것을 다 하고 세상 전부를 얻는 부귀영화를 누렸다고 해 보지. 아무리 그래도 다른 사람들을 기쁘게 하지 않았다면 인생의 참 기쁨을 누리지 못한 것이라네."

그동안 나는 가정회복운동 현장에서 아버지교육과 부모교육, 부부교육, 자녀교육, 인성교육, 청렴윤리교육, 리더십, 소통교육을 해 왔다. 그리고 그것들을 통해 이 시대 가정의 아픔과 어려움을 알게 되었다. 그런 만큼 그들에게 위로와 힘과 용기, 도전과 기쁨을 주는 것이 나의 사명이라고 생각한다. 그렇게 가정의 소중함과 소통 방법, 정체성, 올바른 자아상 등을 전하는, '건강한 가정회복운동'을 펼쳐 나가는 것이 일생의 사명이라고 생각한다.

아버지교육에 온 한 아버지는 자신감 넘치게 자기소개를 했다.

"저는 다시 태어나도 나와 결혼하겠다고 하는 사랑하는 아내와 아빠를 최고로 존경한다는 아들, 딸과 함께 행복하게 살고 있습니다."

그는 최고의 아버지이고 남편 같았다. 수료식 때 그가 아내와 함께 참석했다. 진행 강사가 아내에게 물었다.

"남편분이 다시 태어나도 나와 결혼하겠다고 한 아내라고 소개하셨는데, 동의하십니까?"

아내는 머뭇거리다가 이렇게 말했다.

"저는요, 다시 태어나지 않겠습니다!"

이렇게 아내의 마음을 두고 착각하는 남편들이 많은 것 같다.

모 부대 어떤 간부는 아버지만 생각하면 공포의 대상, 시한폭탄, 분노조절장애, 예측 불허 등의 단어가 떠오른다고 했다. 몽둥이로 맞고 온몸에 피멍이 들어 체육시간에 아이들한테 놀림 받았던 기억. 중학교 2학년 때 무슨 영문인 줄도 모르고 술 먹고 들어온 아버지한테 사정없이 맞았던 기억. 이로 인해 아버지를 향한 그의 마음은 산산조각 나 버렸다. 아들의 마음의 문은 닫혀 버렸다. 많은 방황 끝에 결혼했으나 행복하지 않았다. 심지어는 자신의 아이들에게 자신의 아버지와 똑같이 행동하고 있다는 것을 알았다. 그는 소스라치게 놀랐다고 한다.

처음에는 좋게 시작되지만, 끝은 항상 싸움이 되어 버리는 부부 관계. 신혼 초엔 치열하게 싸우다가 10년 차가 되어선 무관심, 회피로 일관했던 부부에게 물었다.

"배우자가 어떻게 해 주면 좋겠습니까?"

아내 왈 "내 말 좀 잘 들어 주면 정말 좋겠어요." 남편 왈 "나를 무시하지 않았으면 좋겠어요."

두 부부는 뭐 큰 것을 바라는 것이 아니었다. 성격이 못돼서 서로 싸우고 상처 주는 것이 아니다. 서로를 잘 몰라서 상처를 주는 경우가 훨씬 더 많은 것이다. 그래서 배우자를 배워야 한다.

고부 갈등으로 못 살겠다고 하는 아내가 있다. 남편은 늙으신 어머니를 위해 당신이 참으라고만 한다. 어머니는 애지중지 키워서 장가보낸 아들만 걱정한다. 부부는 하루도 편안한 날이 없다. 고부 갈등의 근본 원인은 무엇일까? 원인을 알면 답은 쉽게 찾을 수 있다.

사춘기 아들이 방문을 닫고 들어가기 시작한다. 도대체 방에서 무엇을 하는지 궁금해서 문짝을 떼어 버렸다는 아버지가 있다. 그

후부터 지금까지 부자 관계가 극도로 나빠져서 어찌할 줄 모르겠다고 이야기한다. 사춘기 자녀를 깊이 있게 이해하지 못해서 일어나는 갈등과 상처들이다.

　우리 주변엔 관계의 문제로 힘들어하고 상처받고 아파하는 사람들이 많다. 강연과 코칭, 저서 활동을 통해 그들을 위로하고 감싸 주고 힘이 되며 용기와 기쁨을 주는 작은 씨앗 하나를 심어 주고 싶다. 풍성한 결실이 맺어질 그날을 바라본다. 나는 생을 마감할 때까지 씨 뿌리는 농부로 살고 싶다.

100일 동안
국내여행 하기

회사원, 전통요리 카페지기, 아름다운라면봉사 오산지역 팀장

2014년 개설해 현재 5,000여 명의 회원들이 활동하는 전통요리 카페의 지기이자 매달 진행되는 아름다운라면봉사 오산지역 팀장이다.

순간순간 행복하고 여유로웠으면 좋겠다. 나는 지금까지의 행복을 감사하게 생각한다. 지쳐 있을 때의 나는 일상을 떠나서 힐링을 얻는다. 사람을 케어하며 배려하는 마음을 높인다. 친구의 두 손을 맞잡고 저 넓은 세상으로 함께 가는 거다. 기분 좋은 나의 하루를 여행으로 채우고 싶다. 새로운 환경을 체험하고 여행하며 행복할 준비를 충분히 한다.

가슴 설레는 첫눈이 내렸다. 철없는 소녀처럼 마냥 좋은 하루다. 잠시 나이를 잊어 본다. 첫눈이 내리는 날, 큰딸과 여행을 떠났다. 함박눈이 펑펑 내리고 온 세상이 새하얗게 깨끗해졌다. 그 위에 나

는 발자국을 찍고 꿈을 찍었다.

한 번뿐인 인생. 훗날 후회하지 않도록 하기 싫은 일은 억지로 할 필요가 없다. 내 마음에 들지 않는 사람을 군이 만날 필요도 없다. 만나면 설레는 그런 친구와 여행을 떠나고 싶다.

서울에서 시작해서 서해, 남해, 동해로 해변 길을 따라 구름 따라 바람 따라 발길 닿는 대로 여행을 가고 싶다. 여고 동창생 친구와 함께 100일 동안 돌아보련다. 카니발을 끌고서 말이다. 벌써부터 설렘으로 내 가슴은 콩닥콩닥 뛴다. 역사책을 읽고 우리나라 지도를 쫙-악 펴서 코스를 정한다. 대.한.민.국. 우리나라 팔도강산을 둘러보자. 아마 사투리도 공부해야겠지. 어려서부터 여행을 취미로 즐겼다. 육아로 잠시 보류했던 나의 꿈을 다시 펼칠 때가 되었다.

나의 자녀들은 어느새 성인이 되었다. 이제는 엄마 손이 필요 없다. 50대 중반의 나이에 다짐해 본다. 관절 좋을 때 다니자고 말이다. 직장생활을 하면서 틈틈이 국내, 국외 여행을 즐겼다. 돌아보니 내 나라, 우리나라가 최고다. 너무 멋있는 대한민국의 동네방네 골목골목을 다니고 싶어졌다.

내 꿈은 현재진행형이다. 예쁜 나의 추억들을 프로필 사진에 담아 보고 달력에도 담아 본다. 소녀의 정성을 가득 담아 한 글자 한 글자 써 내려간다.

나는 책을 좋아한다. 가볍게 읽고 잠시 생각할 수 있는 시집도 좋아하고 여행을 다녀와서 쓴 여행기도 좋아한다. 그래서 가끔은 나도 꿈꿨다. 여행 후 책을 써 보고 싶다는 꿈. 누군가 내 글을 읽고 나처럼 여행을 꿈꾸며 출발하는 첫걸음이 된다면 좋겠다고. 우리나라에 이렇게 아름답고 멋진 문화가 있는 줄 몰랐다고. 그렇게 내 발길 닿는 대로 움직여서 글로 표현하고 다른 이가 감동받아 우리나라를 사랑하고 국내여행이 더 좋다고 느꼈으면 좋겠다.

버킷리스트를 이루며
더 나은 삶 추구하기

전직 교회 전도사, 11년 차 직업군인
예장합동 총신대학교 신학과를 졸업하고 신대원 입학 후 군에 입대한 전직 전도사이다. 단기복무 중 군 생활에 뜻을 품고 현재 11년째 장교로 군 생활 중이다. 버킷리스트를 적어놓고 하나씩 이루어가는 것이 삶의 목표다.

나는 10년 차 직업군인이다. 그러나 굳이 군대이야기는 하지 않으려 한다. 그저 군인은 비상대기가 있고 거주지와 직장 위치 선정에 제한이 있을 뿐 여느 사람들과 다름없는 직장인이기 때문이다. 월급이 밀리거나 아내들이 단체로 이 집 저 집 상관 집의 김장을 담그러 다닌 것은 20~30년 전의 이야기다. 대부분은 그저 맛있는 음식과 1년에 한 번 해 볼까 말까 한 여행에 만족하는 소박한 시민이다.

군인인 나에게도 버킷리스트가 있다. 입대 전 대학생 때 어떤 행사에 참석한 적이 있었다. 그때 버킷리스트 100가지를 써 보라고 했다. 당시 나는 30개 정도밖에 못 적었다. 그러다 10년의 군 생활 동안 TV를 보면서, 책을 보면서, 영화를 보면서, 블로그를 보면서 '이것이 하고 싶다'라는 생각이 들면 휴대전화 메모장에 하나둘씩 적기 시작했다. 그것이 어느덧 80개를 채우고 있다. 그러나 오랜 시간 작성만 해 놓고 정작 어느 것 하나 해 본 것이 없었다. 그러던 어느 날 이대로는 안 되겠다는 생각이 들었다. 그러곤 불과 1년 전부터 하나씩 실행에 옮기는 중이다.

지금 이 글을 적고 있는 이곳은 미국령 사이판에서 136킬로미터 떨어진 작은 섬마을 로타다. 차를 타고 지나면 운전대를 잡은 손을 활짝 펴며 서로의 안녕을 전하는 로타섬. 이곳에 오게 된 것은 나의 스물두 번째와 서른일곱 번째 버킷리스트 때문이다.

나의 스물두 번째 버킷리스트! '코코넛크랩 먹기'. 내가 보는 유일한 예능프로그램인 〈정글의 법칙〉을 볼 때면 먹거리로 크레이피쉬와 코코넛크랩이 등장한다. 크레이피쉬는 로브스터의 일종이니 상상이 가는 맛이다. 그런데 코코넛크랩은 평상시에 구경할 수도 없고 한국에서는 팔지도 않는다. 때문에 TV 속 연예인들이 맛있다고 하는 그 맛이 상상조차 되지 않았다. 어느덧 내 버킷리스트에는 '코코넛크랩 먹기'가 적혀 있었다.

나의 서른일곱 번째 버킷리스트! '경비행기 타기.' 군인이다 보니 나는 전쟁영화를 좋아한다. 그러다 보니 1·2차 세계 대전 영화를 자주 접하게 된다. 그때 빠지지 않는 것이 당시 공중전을 이끌었던 경비행기였다. 군용 경비행기는 이제 역사의 뒤꼍으로 사라졌다. 그러니 내가 타 볼 수 있는 것은 민간에서 운용하는 레포츠용·여객용 경비행기다. 그런데 이것도 일부 운용하는 곳이 있지만 한국에서는 접하기가 어려웠다. '언젠가는 타 보겠지' 하며 적은 메모장의 서른일곱 번째 버킷리스트는 '경비행기 타기'였다.

나는 군 생활 5년 차에 버킷리스트 첫 번째인 지금의 아내를 만나 우여곡절 끝에 결혼했다. 신혼여행은 하와이로 다녀왔다. 그런데 나는 해외여행을 제대로 다녀 보지 못한 서울촌놈이었다. 그러니만큼 가이드책자 하나를 붙잡고 일정을 짰다. 그러곤 아내의 센스가 더해지지 않았다면 실패할 뻔한 행복한 신혼여행을 보내고 왔다.

그러고 나서 또 해외여행을 가고 싶었다. 하지만 지휘관이라서 못 가고, 참모라서 못 간 지 5년이 지났다. 그러던 어느 날, 나는 1년 휴가 일수 21일 중 하루도 쓰지 못한 것이 안타까워 아내와 함께 해외여행을 계획했다. 그리고 지난 7월 베트남 다낭으로 여행 갔다. 아내로부터 "당신과 함께한 최고의 여행"이라는 찬사를 들었다. 신혼여행을 제외하면 군 생활 10년 만의 첫 해외여행이었다. 신혼여행을 포함

해도 5년 만의 해외여행이었다.

그렇게 물꼬를 터서일까. 12월, 해가 바뀌기 전에 한 번 더 해외여행을 계획했다. "1년에 두 번의 해외여행이라니." 하며 어떤 사람들은 괜찮겠냐고 내 안위를 걱정했다. 그러나 내가 모시는 상급자는 "갈 수 있을 때 가라."라고 내 해외여행을 흔쾌히 허락해 주셨다. 이번엔 아내에게 내 버킷리스트를 이룰 장소로 가자고 했다. 그곳이 사이판, 지금 내가 있는 이곳 로타섬이다!

로타섬에 오는 방법은 딱 두 가지다. 괌에서 경비행기를 타거나, 사이판에서 경비행기를 타는 방법뿐이다. 경비행기를 타려면 공항에서 몸무게와 짐 무게를 재야 한다. 경비행기의 공간과 좌우 무게 중심을 맞춰서 좌석을 배치하기 때문이다. 나와 아내가 탄 경비행기는 8인승짜리였다. 거기에는 백인 조종사와 현지인 부조종사, 로타 현지인 부부가 탑승했다. 깨끗한 외관에 비해 닳아 버린 계기판과 덜덜대는 엔진은 스멀스멀 공포를 조장했다. 그러나 그 두려움도 잠시, 5분여가 지나자 깨끗한 사이판 섬과 바다의 장관이 내려다보였다. 나와 아내는 말없이 셔터를 눌러 댔다. 내 서른일곱 번째 버킷리스트가 이뤄지는 순간이었다.

로타섬에 들어오기까지 비싸다면 비싼 경비행기를 타고 들어온 이유가 있다. 이곳에서 코코넛크랩을 먹을 수 있기 때문이다. 그러나 이곳에서는 9~11월에만 코코넛크랩을 잡을 수 있다고 한다. 금지기간에 잡게 되면 벌금이 어마어마하다고 한다. 내가 사이판에 도착한 날짜가 11월 30일, 사이판에서 로타섬으로 넘어간 날짜가 12월 1일이다. 하필 내가 간 날짜가 더 이상 코코넛크랩을 잡으면 안 되는 날짜였다. 그러나 다행스럽게도 렌터카 예약을 대행해 주신 현지의 한국인 중 한 분인 미스터 장께서 이런 나의 사정을 들으셨다. 그러곤 코코넛크랩을 제일 맛있게 요리하는 현지인 식당에 식사 예약을 해 주셨다. 그의 작은 식당에서 나와 아내는 코코넛크랩을 먹을 수 있었다. 매주 〈정글의 법칙〉을 보면서 노래를 불렀던 그 코코넛크랩이 내 눈앞에 있었다.

나와 아내가 코코넛크랩을 맛있게 먹고 리조트로 돌아가는 길이었다. 그곳에서 로드 킬할 뻔한, 아직 큰 소라를 배에 달고 있는, 코코넛만 한 코코넛크랩을 주웠다. 우리는 그것을 코코넛나무 아래에 놓아 주었다. 그 녀석이 대대손손 번창해야 내가 다시 이곳에 왔을 때 코코넛크랩을 먹을 수 있을 것 같았기 때문이다.

로타섬에서의 첫날 밤 나는 아내에게 이야기했다. 버킷리스트 두 가지를 이루었는데 몇 가지 버킷리스트가 또 생겼다고 말이다. 로타섬은 스쿠버다이빙 포인트로도 유명하다. 그런데 나와 아내는 둘 다 스쿠버다이빙을 해 본 적이 없었다. 당연히 육지와 스노클링으로 만족해야 했다. 그런 만큼 다음엔 스쿠버다이빙을 배워서 이 넓은 바다를 마음껏 구경하자며 나는 메모장을 열었다.

한편, 경비행기를 타 보자 내가 직접 조종해 보고 싶은 마음이 생겼다. 공군 조종사는 못 되더라도 경비행기 조종은 해 볼 수 있지 않을까 하고 말이다. 그리고 남이 잡아 준 코코넛크랩을 먹었으니 살아 움직이는 코코넛크랩을 내가 직접 잡아서 요리해 보고 싶은 생각이 들었다. 진짜 〈정글의 법칙〉에서처럼 말이다.

사람의 욕심은 끝이 없다 했다. 한 가지를 이루니 더 많은 버킷리스트가 생긴다. 첫 번째 버킷리스트는 아내와의 결혼으로 다 이룬 것 같았다. 그러나 함께 행복하기 위해 내가 노력해야 할 것들이 있었다. 직업적으로도 달성해야 할 목표가 생겼다. 심지어 먹는 것도 노는 것도 사고 싶은 것도 점점 많아져 간다. 나는 이러한 것들이 우리가 더 나은 삶을 추구하며 나아가는 여정의 하나라고 생각한다. 누가 알았을까. 서울촌놈이 사이판을 넘어 로타섬까지 경비행기를 타고 코코넛크랩을 먹으러 갈 줄 말이다. 지금 이 책을 읽고 있는 그대! 버킷리스트가 없다면 적어라! 적었다면 실행하자! 10년 차 직업군인의 소소한 조언이다!

32 : 김진수

나의 일생을
작품으로 남기기

국방부 공무원

중학교 때 심리검사를 통해 다른 사람들보다 생각을 많이 한다는 것을 알게 되었다. 그 후 열여섯 살 때부터 일기를 쓰기 시작해 스물세 살인 현재까지 일기를 쓰며 하루를 정리한다. 현재 대한민국 국방부 공무원으로 재직 중이지만 베스트셀러 작가라는 또 다른 꿈을 가지고 있다.

누구에게나 별똥별같이 특별한 순간들이 찾아온다. 좋은 일일 수도 나쁜 일일 수도 있다. 그러나 금방 지나가 버리는 별똥별처럼 특별한 순간도 소중히 하지 않으면 빛을 잃는 법이다. 내 기억 너머 어딘가로 사라져 버린다. 나는 나의 작은 마음속에 큰 꿈을 담으려고 한다. 매일매일 별똥별을 일기에 기록하며 작품을 남기려고 한다. 나의 작은 이야기는 작품이 될 것이다.

12시 정각 자정이 되자 총성과 함께 폭탄이 터지는 소리가 들렸다. 그러더니 교관님께서 "나와, 이 새끼들아!"라고 하시며 교육생들을 연병장으로 집합시켰다. 나는 너무 급하게 나오느라 군화를 신지 못했다. 그런 모습으로 연병장에서 소화수를 맞으며 굴러다녔다. 5일 동안 군화를 벗지 않을 텐데 양말에 모래가 들어가서 발이 다 벗겨지지 않을까. 이미 많이 약해진 몸 상태로 5일 동안 무수면 훈련을 견딜 수 있을까. 걱정이 되기도 했다. 결국 우리는 전투복, 군화, 수영복, 흰 티, 구명조끼를 입었다. 그리고 거친 신고식을 마치고 지옥주를 시작했다.

가장 먼저 한 훈련은 냉수욕 견디기였다. 아직 공기가 차갑게 느껴지는 4월의 바다에 들어갔다. 그러자 내 몸을 감싼 구명조끼를 뚫고 냉기가 피부로 전해졌다. 우리는 동기들이지만 서로를 헐뜯고 싸우기도 했다. 하지만 오늘만큼은 정말 둘도 없는 동기애를 발휘해 서로 최대한 밀착했다. 나는 내 몸을 지켜야 할 체온을 나누며 내 옆의 동기를 배려했다. 체온이 낮아져서 내 의식이 점점 희미해질 때는 내 뒤에 있던 동기가 나를 꼭 안아 주었다. 정말 고마웠다. 풀이라도 엮어 은혜를 갚고 싶었다.

지옥주를 받는 동안 낮에는 85킬로그램이나 되는 고무보트를 6명이서 머리에 이고 산을 올랐다. 평소에는 걸어서 2시간 반이면 도착할 높이였다. 그런데 머리에 고무보트를 이고 올라가자니 목이 끊어질 것 같았다. 허벅지가 터져 버릴 듯 아팠다. 그 와중에 속도를 높이라고 소리치시는 교관님이 무서워서 멈출 수도 없었다.

산길은 모두 잔돌로 이루어져 있었다. 조금만 졸아도 넘어지게 되어 있었다. 한 명이 넘어지면 보트는 균형을 잃고 넘어져서 다른 교육생들이 다치기도 했다. 그때 내 옆에서 남들이야 넘어지든 말든 자기 자리를 묵묵히 지키며 끝까지 버티던 동기를 기억한다. 그는 자기 자신과의 싸움에서 이긴 것이기도 했다. 또한 자신이 좀 더 희생해 다른 동기가 다치는 것을 막아 준 것이기도 했다.

산악기동이 끝나면 어김없이 해상기동이 있었다. 진해 부두에서 출발해 마산까지 고무보트를 타고 노를 저어 이동했다. 하룻밤을 꼬박 저어야 도착할 거리였다. 그런데 무수면 70시간이 넘어가자 노를 젓다가 정신을 잃고 쓰러지는 교육생들이 생기기 시작했다. 서로를 채찍질하며 다그쳐 보기도 했다. 하지만 이미 지칠 대로 지친 몸으로 정신을 차리는 것은 쉽지 않았다. 그러나 아무도 노를 놓지 않았다. 비록 눈이 감기고 팔에 힘이 없어도 끝까지 노를 저었던 동기들을 나는 기억한다.

좀 정신을 잃고 쓰러져도 되는데. 못 하겠다고 소리치고 포기해도 되는데. 끝까지 내 등을 지켜 준 너를, 나를 붙들어 준 우리 팀을 나는 기억한다.

나 혼자서는 할 수 없는 일들을 팀을 이루었을 때 해낼 수 있는 이유는 믿음 때문이다. 서로를 믿었기 때문에 이룰 수 있었다. 나는 이러한 경험을 하면서 많은 생각을 하게 되었다. 이 경험을 작품으로 남겨야겠다는 꿈을 가지게 되었다.

스쳐 지나가는 경험이지만 그것을 글로 남기는 것은 역사를 바꾸기도 하고 누군가에게 꿈을 심어 주기도 한다. 그 옛날 이순신 장군이 《난중일기》를 썼던 것처럼. 지금 내가 매일 일기를 쓰며 작품을 남기고 있는 것처럼 말이다.

　나는 매일 발자국 하나 없는 새하얀 눈길을 가고 있다. 어쩌면 아무도 가려고 하지 않는 길일지도 모른다. 하지만 오늘 내가 남긴 작은 발자국은 훗날 같은 길을 가게 될 이들에게 이정표가 될 것이다.

시골 폐교 담벼락에
나비 한 마리 그려 넣기

입시학원 대표, 청소년 멘토

중·고등학생 입시 전문가로, 분당에서 15년 동안 입시학원을 운영 중이다. 경험과 이론을 겸비한 학생지도 전문가이자 마음이 힘든 고등학생들을 위해 동기부여해 주고 어려운 수학공부를 쉽게 설명해 주는 수학 전문가다. 더 많은 학생들이 변화해 긍정적 세상을 만드는 날까지 '좋아서 하는 일'을 꾸준히 하는 것이 목표다.

어릴 적 다녔던 초등학교는 여덟 살 어린아이 걸음으로 한 시간 거리에 있었다. 대문을 나서면 흙길이 펼쳐졌다. 그 흙길 옆으로는 제법 큰 도랑이 흘렀다. 그 도랑을 따라 학교 가는 길이 이어졌다. 도랑이 있으니 건너야 할 다리도 있었다. 다리를 지나면 넓은 담배 밭이 펼쳐졌다. 담배 밭이 끝나면 사과나무 밭이 나왔다. 그리고 그 끝에는 다시 논이 펼쳐졌다. 논이 끝나는 곳에서는 새로운 마을이 펼쳐졌다. 그 마을의 절반쯤을 지날 때면 마을을 지키는 오래된 늙은 소나무가 나타났다. 소나무는 여덟 살 아이 넷쯤은 둘러 안아 품을 수 있는 마을의 지킴이였다.

소나무가 나타나면 뛰어야 한다. 소나무에서 500미터쯤 떨어진

곳에 버스가 정차했기 때문이다. 그 버스를 놓치면 다음 버스를 두 시간이나 기다려야 했다.

버스 안에는 이미 등교하는 아이들로 가득했다. 아이들은 항상 만원인 버스에 매달려 학교에 갔다. 버스를 놓치는 날에는 걸어서 산을 하나 넘어가야 한다. 나지막한 야산이 아니라 마을과 마을의 경계에 있는 꽤나 높은 산이었다. 아이들의 등교로 인해 산길이 나 있는, 여덟 살 꼬맹이가 혼자 다니기에는 무섭고 어두운 산이었다.

산을 넘어 평지에 닿으면 다시 논길과 저수지가 펼쳐졌다. 그렇게 평지 길을 20분쯤 걸어가면 학교가 나타났다.

깡촌 초등학교에는 부모님이 돈 벌러 도시로 나가서서 할머니 손에 크는 아이, 엄마가 집을 나가 아버지와 단둘이 사는 아이, 장작불이 옮겨 붙어 집에 불이 났는데 미처 빠져나오지 못해 다리에 큰 화상을 입은 아이, 동생이 여섯이나 되는 아이, 무슨 사유로 아픈지 모르지만 다리를 절뚝거리며 걷는 아이 등 저마다 사연이 많은 나의 친구들이 있었다. 선생님들은 모두 초임 발령인지라 사택에서 다 함께 생활하셨다.

어린 내게 그곳은 천국이었다. 어떤 규제도 없었다. 누구의 관할도 아닌 그곳에서 우리는 미술시간이면 스케치북과 물감을 들고 운동장에 나와 앉아 그림을 그렸다. 체육시간에는 학교 앞 냇가에 발을 담그며 놀았다. 국어시간에는 선생님의 첫사랑 이야기를 들으며 아무렇게나 시를 지었다. 운동회라도 하는 날이면 동네 마을 주민들이 모두 모여 잔치를 했다. 소풍은 옆 동네 야산으로 갔다. 소나무 밑에 숨겨진 보물찾기를 하고 소나무 아래 모여 장기자랑을 하는 것이 전부였다.

당시 우리는 공부라는 것이 무엇인지 알지 못했다. 성적이라는 것이 인생에 어떤 영향을 주는지 전혀 알 수 없었다. 그 시절 그곳은 지금에 와서 돌아보니 천국이었다.

나는 지금 사교육업계에 몸담고 있다. 교생 실습을 나갔을 때 정해진 틀에 따라 움직이는 학교가 싫었다. 그래서 이곳에 몸담은 것이 어느새 20년 차다. 이 업계에서 매일 보는 아이들의 하루 일과는 내가 학창 시절로 다시 돌아간다면 저렇게 지낼 수 있을까 의문이 들 정도다. 그만큼 빡빡하다.

매일같이 영어와 수학과 스마트폰과 싸우며 지내는 아이들. 그들에게 자연이란 비싼 비용을 지불하며 해외여행을 갔을 때만 '와!' 하고 감탄하는 대상이 아닐까 싶다.

가장 가까이에 있는 것이 제일 소중하다 했다. 봄에 피는 꽃과 여름 나무, 11월의 찬 바람, 한겨울의 맑은 공기. 가장 비싸고 값진 것이지만 의식하지 않을 때는 존재하지 않는 것. 지금의 아이들은 자연이 우리 옆에 늘 있다는 것조차 인식할 시간이 없다.

내가 다녔던 초등학교는 이제 폐교되어 잡초가 무성해졌다. 넓은 운동장을 버려두기 아까운 시골사람들이 부지런히 흙을 쌓고 고추를 심어 텃밭으로 가꾸었다.

그 폐교를 볼 때면 항상 꿈꾼다. 이곳을 다듬어 도시의 아이들이 다닐 수 있는 초등학교를 만들어 볼 수는 없을까? 깨끗이 청소한 교실 뒤 게시판에 아이들이 냇가에서 본 피라미를 주제로 지은 시들을 붙이고 싶다. 운동장의 플라타너스와 하늘을 그린 그림들로 가득 채우고 싶다.

학교 담벼락에는 화려한 꽃들과 나비들로 가득 채워 사계절을 느끼게 해 주고 싶다. 강아지풀들 사이에서 놀던 아이가 잎이 어떻게 생긴 풀인지, 햇살을 받고 있을 때 반짝임이 어땠는지 그림 그리듯 말하는 것을 듣고 싶다. 아이들이 시간을 들여 천천히 자연을 관찰하게 해 주고 싶다. 자연이 아이들에게 말하는 것을 듣게 해 주고 싶다. 놀라운 자연의 기적으로 가득한 세상에 살고 있다는 것을 깨닫게 해 주고 싶다.

자존감이 중요해진 세상이다. 다가오는 미래에는 더 중요한 가치가 될 것이다. 자존감은 나를 관찰하는 것으로부터 시작한다. 남과 다른 나의 장점과 단점을 끄집어내고 스스로 칭찬하며 보완해 가는 과정. 그 과정을 거쳐 자존감이 키워지는 것이다. 자아를 응시하며 자신을 알아 가는 습관을 기르는 데서 자존감은 싹트기 시작하는 것이다.

하지만 우리나라 교육은 개인의 자존감을 높이는 데 역행하고 있다. 모두 좋은 대학과 안정된 직장을 위해 유사한 스펙들을 쌓는다. 그리고 그 안에서 살아남기 위해 발버둥 치고 있는 것이 현실이다. 남과 다른 나를 존중해 주는 마음이 자존감이다. 그런데 어려서부터 동일한 교육을 받고 유사한 꿈을 갖기 위해 동일한 스펙을 쌓는 이들이 어찌 자존감을 가질 수 있을까? 자존감이 없으면 내로라하는 대학을 다닌들, 유명한 대기업에 입사한들 행복할 수 있을까?

나는 어린 시절을 천국과 같은 곳에서 꿈꾸듯 보냈다. 어른이 되어 사회생활을 하며 고군분투했다. 그런 나에게 어린 시절의 그 추억은 자양분이 되어 준다. 꿋꿋하게 자존감을 지키며 살아가게 해 준다. 전쟁을 치르듯이 공부하는 아이들을 매일 접한다. 그러면서 먼저 산 사람의 반성과 의무감 비슷한 것이 조금씩 쌓인다. 그렇게 후배들에게 제대로 된 교육을 해 주고 싶다는 작은 소망이 만들어지고 있다.

6년쯤 영어, 수학 학원을 다니지 않는다고 무엇이 문제일까. 사교육계에 몸담았던 경험과 자신감으로 초등학생 시절 정도는 "공부 안 해도 돼"라고 말해 주고 싶다. 나아가 여린 어깨가 감당하기에 무거운 가방이 힘겨운 어린아이들에게 마음껏 자연과 친구들을 관찰하게 해 주고 싶다. 그렇게 아이들의 자존감을 키워 줄 멋진 경험을 선물하고 싶다.

어느 화창하고 멋진 날에 어린 친구들과 낡은 폐교 담벼락에 옹기종기 모여 서 있는 모습을 그려 본다. 그곳에서 아주 소박하고 예쁜 나비를 그리고 있는 나의 모습을 그려 본다.

베짱이의 삶에
한 표 던지기

교육 사업 대표, 학부모&청소년 상담사
대학에서 국문학을 전공하고 신문사, 잡지사 등에서 활동했다. 그러다가 인문학적인 감수성과 인간을 향한 따뜻한 시선을
바탕으로 중·고등학생들을 위한 교육 사업을 꾸려 가고 있다. 현재 인간의 마음과 창의력 소통에 대한 개인저서를 집필 중이다.

나이 오십이면 지천명이라 했다. 나도 쉰 살이 넘으면 자연스레 천명을 알게 될 줄 알았다. 하늘이 내게 내린 엄청난 사명을 깨닫고 내 삶을 멋지게 완성해 나가게 될 줄 알았다. 그러나 오십 줄에 들어선 지 한참이나 지났는데 아직 잘 모르겠다. 처음부터 천명이라는 것이 있기나 한 건지. 아니 하늘이라는 것이 있기나 한 건지. 오만방자함에 빠진 유학자들이 게으른 중생들의 자유를 시기해 바쁘게 살아가도록 만들기 위한 간계는 아니었는지. 의문만 더 깊어질 뿐이다.

바쁘게 살았다. 해야만 하는 일, 할 수밖에 없는 일, 그 일밖에

는 할 게 없도록 만들어 정말 정신없이 살아왔다. 열심히 살다 보면 뭔가 답이 얻어지지 않을까 기다리며 하루하루를 버텨 왔다. 나는 부잣집 자식도 아니고 먹물 먹은 집안의 자식도 아니다. 더군다나 방귀 깨나 뀐다는 뼈대 있는 집안의 자식도 아니다. 한 평 땅도 가지지 못한 농사꾼의 자식으로 태어났다. 그런 천출이라 그런지 성실 하나만큼은 자신 있었다. 한눈팔지 않고 남에게 피해 주지 않고 바르게 살려고 노력했다. 때때로 본의 아니게 다른 이에게 아픔을 주는 일이라도 생기면 가슴을 치며 부끄러워하며 살아왔다.

그런데 가끔 궁금했다. 꼭 이렇게 살아야만 하는 건지. 좀 방탕하면 안 되는 건지. 방탕까지는 아니더라도 나 자신에게 좀 너그러워지면 안 되는 건지.

개미는 정말 행복했을까? 베짱이는 정말 괴로워하며 후회 속에 죽어 갔을까? 개미는 봄, 여름, 가을 밤낮으로 일한다. 그렇게 허리 한 번 펴지 못하고 식량을 축적해서 추운 겨울에 편안하게 지낸다. 그러면서 개미가 과연 '이것이 천명이다' 했을까? 개미 중의 80%는 일만 한다고 한다. 나머지 20%는 놀고먹는다고 한다. 일개미는 겨울을 거의 먹지 않고 버텨 내고 봄이 오면 또 열심히 일한다고 한다. 혹시 춥고 배고픈 겨우내 20%의 귀족 개미들을 위해 자신의 좋은 시절을 다 보낸 것에 일개미는 분노하지 않았을까? 평생 일만 하며 살아야 하는 '천명'을 깨달으며 자신의 삶을 비관하지는 않았을까?

베짱이는 봄, 여름, 가을 내내 사랑을 노래하고 삶의 즐거움에 겨워 춤추며 낭만을 만끽한다. 그러다가 추위와 굶주림에 방탕했던 삶을 뼈저리게 후회했을까? '나를 반면교사로 삼아 후손들은 바람직한 삶을 살기를 바란다'라는 단말마의 고통을 내뱉으며 삶을 마감했을까?

베짱이는 집단생활을 하지 않고 독립적으로 살아가는 곤충이다. 그런지라 아름다운 몸짓으로 노래하고 춤추며 짝을 찾아 가약을 맺는다. 그러곤 겨울이 오기 전에 알을 낳은 후 생을 마감한다고 한다. 혹시 "이래도 한평생, 저래도 한평생인데 아름다운 배필을 만났으니 여한이 없도다. 내 짝과 사랑을 나누며 행복하게 살았노라. 후회는 없노라."라고 멋진 비명 한 줄 써 내려가지 않았을까. 그러면서 사랑이야말로 자신에게 주어진 '천명'이라 하지 않았을까. 그렇게 'Beutiful world, wonderful life'를 노래하며 눈감지는 않았을까?

순수한 열정을 꿈꾸며 살았던 시절이 있었다. 열다섯 살, 겁도 많고 수줍음도 많던 시골 소년은 노래하고 있을 때만은 세상 무서울 게 없었다. 나는 매일매일 노래하고 있었다. 테크닉은 없었지만 순수함이 있었다. 타고난 색깔은 없었지만 열정이 있었다. 그런 만큼 노래하는 삶을 꿈꾸었다. 노래만이 나의 삶을 풍요롭게 충족시켜 줄 것이라 믿었다.

노래할 때 말고는 부끄러움을 많이 타서 남들 앞에서 말도 제대로 못하던 찌질이었다. 그랬던 그가 정말 큰 용기를 내어 조심스럽게 노래하면서 살고 싶으니 음대를 가고 싶다고 말했다. 그때 돌아온 대답은 "아버지가 돈 많아?"였다. 작은 내 심장을 찢어 놓은 익숙한 대사였다.

가난한 시골 소년은 타고난 성실함으로 공부밖에는 할 게 없었다. 주야장천 공부만 하다 보니 고등학교 입학 성적은 준수했다. 성적이 좋은 몇몇 학생들을 대상으로 입학도 하기 전에 고등학교 연구 주임의 상담이 있었다. 추운 1월의 어느 날 아버지와 함께 텅 빈 교무실에 나란히 앉아 근엄하신 선생님의 말씀을 공손히 듣고 있었다. 그때 처음 들었던 대사가 "아버님, 월급이 얼마나 되십니까?"였다.

교무실에 들어설 때만 해도 내 심장은 호기심 반 우쭐거림 반으로 팔딱거렸다. 하지만 선생님의 첫 마디에 심장이 싸늘하게 얼어붙었다. 그 이후에 선생님이 근엄하고 인자하신 얼굴로 무슨 말씀을 더 하셨는지 기억이 나지 않는다. 하지만 그 대사가 가난하고 착하디착한 시골 소년의 뇌리에 박혀 버렸다. 나는 가난이 부끄러워 어깨가 처진 아버지를 당당하게 만들고 싶었는지 어쨌는지는 모르겠다. 하지만 아버지를 부끄럽게 만들면서까지 대학을 가고 싶지는 않았다.

그랬다. 삶은 한 줄기 날카로운 빛살에도 궤도가 바뀌곤 하는 불안정한 것이었다. 어쨌든 노래하는 삶을 꿈꾸었던 시골 소년은 가난하다는 이유만으로 앞통수 뒤통수를 연거푸 얻어맞았다. 그러고서야 세상이 자신에게 바라는 것을 깨달았다. 일개미처럼 봄 여름 가을 겨울 찍소리 없이 밤낮없이 일이나 하면서 사는 것이 보통사람의 '천명'임을.

그렇게 촌뜨기는 본의 아니게 일찍 철들어 버렸다. 그러곤 오십 줄이 넘어설 때까지 하루하루 최선을 다해 열심히 일하는 것을 '천명'까지는 아니어도 '분수'라고 알고 살아왔다. '꿈' 같은 것은 아예 팔자에 없는 것인 양, '낭만' 같은 것은 금수저들이나 누리며 사는 사치품인 양 사력을 다해 살아왔다.

그러던 어느 날 거울 속에서 몇 가닥의 흰머리가 온몸으로 그에게 말하고 있었다. "열심히 살았다. 그만하면 됐다. 넌 최선을 다했어. 자부심을 가져야 해. 어깨를 펴, 당당하게."

이제는 내게 주어진 천명이 무엇인지는 몰라도 내 분수와 역량은 안다. 일개미의 운명을 타고났는지는 몰라도 나의 천성과 마음씨 정도는 안다. 정신없이 바쁘게 살아온 것이 나름 의미 있고 가치 있는 삶이었다는 것도 안다. 그것이 가족들의 안위와 행복을 지켜 온 원천이었다는 것도 안다. 그것이 조금은 지나치게 가혹했다는 것도 안다. 그것이 사회구조적인 병폐에서 기인했다는 것도 안다. 그러나 무슨 상관이랴. 내일에 유의미하지 않은 어제는 그저 기억의 편린에 불과하다.

이제 내 인생의 후반전이 시작되었다. 진짜 재미는 후반전부터 아니겠나. '천상천하 유아독존'이라 했거늘. 내가 하고 싶은 대로 하고 살면 그뿐이다. 앞으로는 오롯이 내 생김새대로 살기로 나를 아는 모든 이들에게 천명한다.

이제부터는 내 주권을 베짱이의 삶에 한 표 행사한다. 나는 흥이 넘치는 천성을 가지고 태어났다. 그러니만큼 내 인생의 후반전에는 글도 쓰고 노래도 하며 사람들과 어울려 함께하는 데 정성을 쏟겠다. 그리하여 죽기 전에는 내 이름으로 책도 한 권 내 보련다. 지인들을 불러서 자그마한 콘서트도 열어 보련다. 그것이 일탈이 아니라 가치 있는 삶의 지표이기를 소망한다.

책 출간해
100억 원 부자 메신저 되기

(주)우림 토지개발 대표이사

부동산 중개, 투자, 컨설팅 외에 다양한 일을 하며 드림 코치로서 활동 중이다. 또한 그동안의 경험과 지혜로 자기계발 작가, 동기부여 강사로서의 길을 걸으면서 행복을 추구하는 사람들을 위한 메신저로 활동 중이다.

중개업을 하다 보니 100억 원 부자가 어째 이리도 많은지? 다음에는 정말 죽기 전에 '나는 돈으로 샤워 중~'이라는 책을 집필하겠다. 책을 통해서 하루가 다르게 세상이 창조되고 있다. 《타이탄의 도구들》의 저자인 팀 페리스가 있다. 그는 세계적인 CEO나 언론인들한테 이 시대의 가장 혁신적인 아이콘이라고 인정받는다. 그런 그는 "글을 쓰는 사람이 미래를 만든다. 디지털 시대가 발전하면 할수록 글을 쓰는 사람이 기회를 얻게 될 것이다. 오늘날 큰 성공을 거두는 사람들 모두는 글쓰기와 말하기에 탁월한 실력을 갖추고 있다. 그 어느 때보다 글로 사람들의 마음을 사로잡고 설득하고 변화시키는 시대가 왔다. 글을 잘 쓰는 사람이 미래를 얻게 될 것이다."라고 말했다.

　부동산 중개와 투자자로서의 삶은 나 스스로를 대견하게 생각하게 한다. 잘했다고 애썼다고 나를 격려하고 싶다. 나는 부동산중개업을 시작하기 전보다는 많은 부동산을 소유하고 있다. 생활에 여유도 생기고 미래에 대한 불안감도 줄었다. 그런데 다시 새롭게 시작해야 한다. 경기침체로 부동산업은 힘든 상황이다. 내가 투자해 놓은 부동산을 정리해야 하는 상황이다.

　분명 정확한 방향과 지름길은 개인마다 다르다. 그러나 배우면서 조금씩 완성되어 가리라 생각한다. 또한 그것을 절실히 필요로 하는 누군가에게 공유해 줄 수 있지 않을까 생각한다.

　나는 투자금이 많지 않아서 지렛대 효과(부동산 담보 대출)를 활용했다. 부동산업을 시작하고 얼마 후 신도시 조성 바람이 불었다. 부동산업이 물 만난 물고기처럼 재미있었다. 부동산 불패를 연상하듯, 시기와 지역 선정에 운이 좋았다는 생각이 들었다. 그런데 금리는 올리고 대출은 막는 부동산 정책이 투자자들의 발을 묶었다. 그래서 힘들었다.

　나는 앞으로 모든 부채를 갚는 데 집중하기로 했다. 이번 정책을 계기로 피부로 절실히 느끼지 않았더라면 대출이라는 대출은 다 감행했을 것이다. 그렇게 무리해 다른 투자처를 찾았을 것이다.

　이번 일을 계기로 배운 것이 있다. 아무리 성실하게 살아가더라도 한순간 변하는 정책과 금융구조의 틀이 불안과 위험을 부를 수도 있다는 점이다. 이제는 먹이를 찾는 하이에나처럼 무리한 투자는 자제한다. 최대한 안전한 방식으로 기존 투자처의 대출금 상환에 주력한다. 이자를 내지 않는 삶을 살아야겠다고 깨우쳤다. 어차피 견뎌 내야 할 시기다. 때문에 나는 이 악물고 이 과정들을 매일 기록해 나가자 했다.

거시적으로 세계 경제나 부동산의 흐름을 비롯해 돈에 관련된 정보, 나의 투자 경험담, 담보 대출로 질러 놓은 부채 상환 과정과 방법 등을 말이다. 진솔하고 현실적인 삶의 현장을 담은 내용으로 말이다. 부에 관련한 독서와 메모를 하고 있다. 한 줄이라도 체화시키려고 지금도 실현 중이다. 성공한 코치 겸 강연가로서 돈 버는 방법에 관한 책까지 쓰고야 말겠다고 다짐한다.

자본주의 시대다. 자본주의가 무엇을 의미하는지, 돈의 위력도 곰곰이 생각해 본다. 경제적으로 자유로워질 때까지 우리는 돈이나 권력을 가진 자 앞에 굴종하거나 아양을 떨어야 한다. 경제적으로 의존하고서는 절대 자유를 누릴 수가 없다. 하지만 나이가 들수록 구속 안 받고 경제적인 자유를 누려야만 한다.

나는 에너지가 밝고 기운이 맑다는 말을 자주 듣는다. 나도 언젠가는 《파리에서 도시락을 파는 여자》의 저자 켈리 최처럼 주변을 밝게 해 줄 것이다. 그런 강한 느낌에 희열과 황홀감을 맛본다!

빨리 그런 날이 오기를 간절히 소망한다. 그것이 나의 신념이자 믿음이다.

신념은 내가 평생 타고 가는 강력한 로켓이다. 결코 물러서지 않고 오로지 전진만 하게 하는 로켓이다. 내가 만들겠다고 결심한 인생은 어떤 장애물이 있어도 이탈하지 않고 헤쳐 나가야 한다. 전진하는 도중에 부서지지 않아야 내가 원하는 인생을 이룰 수 있다. 눈에 보이지 않고 가망 없어 보이는 꿈도 기적과 같은 믿음, 즉 신념을 통해 놀라운 현실로 나타난다. 잘될 거라고 믿는 사람들이 진짜 잘되는 이유도 신념 때문이다. 그런 신념을 갖고 나는 죽기 전에 '나는 돈으로 샤워 중~'이라는 책을 완성할 것이다. 그리고 될 수 있는 최고의 나로 성장시켜 희망을 전하는 메신저로 살겠다.

진심으로 꿈을 이루려고 마음먹는 순간, 덤으로 보너스까지 받는 것 같다. 마음을 열고 그 일을 이루기 위한 방법을 받아들이기 시작했다. 그러니 에너지도 변하고 삶의 다른 부분까지 변화하기 시작한다. 구태의연하고 낡은 모습은 벗어던질 것이다. 그리고 크게 생각할 줄 아는 사람, 불평보다는 가능성을 찾는 것이 더 즐겁다는 것을 아는 사람, 통 큰 투자자가 되어 나눔과 베풂을 아는 희망의 메신저로 살 것이다. 세상에서의 성공보다는 칠순 노모와의 여행, 가족과 함께하는 시간을 무엇보다 소중히 여기는 따뜻한 사람으로 살 것이다.

그런 성장을 이루기 위해 스스로 완전히 달라지는 모습을 상상한다. 자기 자신을 성장시키는 일은 쉽고 편안하게 숙달된다. 인생은 뿌린 대로 거두고, 말한 대로 되고, 생각한 대로 살아지기 때문이다.

나는 기적을 믿는다. 반드시 기적이 일어날 거라고 확신한다. 멀고 긴 여정이 될 수도 있다. 그 과정에 잊고 싶지 않은 말이 있다.

> **"잊지 말자. 나는 어머니의 자부심이다."**

확신을 현실로 창조하는
드림 컨설턴트 되기

여행 블로거, 한부모육아 멘토, 워킹맘 힐링 코치, 여행육아 전문가

독박육아 고수로 인정받은 여행 블로거이자 유통업에 종사하고 있다. 일과 육아의 균형을 이루기 위한 워킹맘 힐링 코치 활동과
더불어 당당하게 즐기는 한부모 육아 멘토로 상담 활동을 병행하고 있다.

> "꿈은 이루어진다(Dreams come ture)."

수십 년이 지난 2002년 월드컵에서 온 국민의 뇌리에 강하게 새겨진 저 글귀를 기억하는가. 히딩크 감독은 한일월드컵 50일 전의 인터뷰에서 이렇게 선언한 바 있다.

> "우리는 현재 50%가 완성되었으며 하루에 1%씩 끌어올려 100%가 될 것이다."

그는 긍정의 말과 가깝고 구체적인 목표를 제시하며 결국 월드컵 4강 진출의 꿈을 이루었다. 꿈을 이루고 싶은 마음은 누구에게나 있을 것이다. 하지만 꿈이라는 단어 자체를 막연하게 여기는 사람들이 대다수다. 그럼에도 불구하고 꿈을 내 것으로 만들기 위해 집중하고 시각화하면 분명히 이루어지는 법이다.

나는 나의 꿈이 무엇인지 시시때때로 떠올려 보았다. 하지만 그것을 구체화하는 것도 쉬운 일이 아니었다. 꿈은커녕 자아를 잃은 채 목숨만 유지하듯이 살아온 날들이 많았다. 단순히 번듯한 집 한 채를 갖고 싶다. 마당이 있는 집에서 반려동물과 아이들을 자유롭게 키우고 싶다. 그런 바람을 가진 식상한 대한민국 아줌마가 바로 나였다. 나는 여느 가정주부와는 조금 다른 환경에서 남매를 키우고 있다. 부모의 역할을 오롯이 혼자 해내야 한다는 부담감을 가진 1인 엄빠(엄마와 아빠를 아우르는 말)다. 때문에 늘 마음만 바빴다.

그러던 어느 날 불량식품을 처음 맛본 느낌처럼 유혹적인 행위를 발견했다. 나는 딸아이와 그림을 그리며 놀았다. 그러다가 끼적이게 된 그림은 결국 3일 후 10호 캔버스의 아크릴화 액자로 완성되었다.

나에게 미술교육은 학교 수업이 전부였다. 하지만 워낙 그림을 끼적이는 것을 좋아했었다. 그렇다고 그림에 뛰어난 재주가 있는 것도 아니었다. 그럼에도 불구하고 그림을 그리는 그 시간이 참 행복했다. 이것은 책 읽기와 다름없이 늙어 죽을 때까지 나의 취미가 될 것임을 확신한다.

　이 사실을 깨닫고 보니 수년 전 다이어리에도 드문드문 작품을 스케치해 놓은 것이 떠올랐다. 언젠가는 그림을 배우고 파고들어 전시회를 갖는 상상을 해 왔던 것이다. 그림을 취미로 갖기 위해서는 경제력이 뒷받침되어야 한다. 이로써 한 가지 목표가 명확해졌다.

　평생 한 직장에 몸담고 계셨던 아버지께서 퇴직한 지 5년 차에 접어든다. 아버지는 요즘 가까운 미래의 꿈을 설계하시느라 여념이 없어 보인다. 바로 당신께서 분양받은 토지에 건물을 올리는 것이다. 아버지는 회사에서도 중책을 맡고 계셨다. 그런 아버지께서 연말 종업식을 마치고 퇴직 후 처음 맞이하는 1월 1일 아침에 하신 첫마디를 또렷하게 기억한다. 30년 넘게 당신을 괴롭히던 두통이 씻은 듯이 사라졌다는 말이었다.

　그 한마디는 나로 하여금 묵묵히 걸어온 아버지의 자리를 가슴속에 깊이 새기게 했다. 달팽이가 지나간 흔적처럼 뿌옇게 자리 잡아 수시로 자국을 되뇌게 만들곤 했다. 어찌 되었든 아버지는 퇴직 후 계획성 있게 적당히 즐기며 생활하시는 것 같다. 수년 전부터 건축박람회를 들락거리셨다. 최근 1년간은 건축 관련 서적과 유튜브를 시청하며 다양한 주택건설 정보를 섭렵하고 계신다.

　학창 시절에는 회사에 아버지를 저당 잡혀 마주 앉아 식사 한

끼 같이했던 기억도 손꼽을 정도다. 그런 아버지께서 회사가 아닌 가족과 스스로를 위해 행동하는 모습을 본다. 약 2~3년 후에 아버지는 건축을 시작하게 될 것이다. 나는 거기에 조금이나마 자금을 보태는 역할을 하리라 다짐한다. 그리고 10년 후에는 아버지의 건물 주변에 나의 부동산을 가지리라는 목표를 세웠다.

하루하루가 빠듯한 나에게는 사실상 커다란 목표다. 혼자 남매를 양육하며 숨만 쉬어도 공중분해 되는 지출을 감당하기 위해 고군분투하는 나다. 작은 주머니에는 큰 것을 넣을 수 없는 법이다. 그러니만큼 큰 목표 주머니를 만들어 놓고 그 주머니를 채우기 위해 노력해야 하지 않을까?

> **"행복을 결심하라. 인간은 자신이 행복하려고 스스로 결심하는 만큼만 행복할 수 있다."**

에이브러햄 링컨의 이 명언은 매번 나에게 긍정의 힘을 준다. 이와 동시에 실천하는 힘도 놓칠 수 없다. 때문에 나에게 와 닿은 아래의 글귀를 2019년도 다이어리 앞 장에 크게 프린트해 놓았다. 다음은 《목표 그 성취의 기술》에 나오는 브라이언 트레이시의 글의 일부다.

> "명확한 기한을 정하라. 기한 없는 목표는 탁상공론이다. 기한이 없으면 일을 진행시켜 주는 에너지도 발생하지 않는다. 당신의 인생을 불발탄으로 만들지 않으려면 분명한 기한을 설정하자. 기한을 정하지 않은 목표는 총알 없는 총이다."

2019년에 나는 작가가 될 것이고 평생 글쓰기를 멈추지 않을 것이다. 3년 후에는 월평균 1,000만 원의 자금을 운용할 수 있는 능력을 갖추게 될 것이다. 아버지의 건축과 임대사업을 서포트함으로써 내 사업의 발판을 마련할 것이다. 그렇게 내 꿈을 완성시킬 것이다.

내 그림을 전시한 공간에서 책을 읽고 쓰고 사람들과 소통하는 미래를 그려 본다. 지난 일주일간 부동산 경매와 건축 이야기를 담은 책을 2권 읽었다. 부동산 지식과 건축법은 나에게 매우 생소하고 어려운 단어들로 가득했다. 하지만 명확한 목표를 세웠으니 홍삼진액 삼키듯 힘겹지만 달게 받아들인다. 공부해야 할 것은 많고 시간은 한정적이다. 하지만 내가 투자한 노력은 미래의 나에게 반드시 보답할 것이다.

스페인 출신의 세계적인 첼리스트 파블로 카잘스에게 한 기자가 질문했다.

"선생님께서는 역사상 가장 위대한 첼리스트로 손꼽히고 있는

데 아직도 하루에 6시간씩 연습하시는 이유가 무엇입니까?"

그는 첼로의 활을 내려놓고 대답했다.

"왜냐하면 지금도 나는 매일 조금씩 실력이 좋아지고 있다고 생각하기 때문입니다."

그의 나이 95세 때의 일이었다.

성공한 사람들은 모두 노력가다. 남들이 잠자고 있을 때 쉬지 않고 발버둥 친 사람들이다. 그렇기 때문에 우아한 백조의 모습을 뽐내고 있는 것이다.

나는 지금까지 엄마의 역할과 가장의 역할을 소화해 내느라 늘 열심히 살았다고 생각했다. 그런데도 불과 1년 전, 한 달 전의 어느 날 무엇인가에 흘려보낸 순간들을 후회하기도 한다. 그렇게 느낄 때면 나는 굉장히 기쁘다. 후회했던 순간을 반복하지 않을 것이기 때문이다. 그것을 깨닫게 될 만큼 내가 성장했다는 증거이기 때문이다.

나는 매일 어제보다 나은 사람이 되어 가고 있다. 막연하게 미루어 오던 책 쓰기를 행하기로 다짐했다. 그러고도 석 달 만에 처음 꿈에 대한 원고를 쓰기 시작했다. 지금 석 달의 게으름을 아쉬워하면서도 시작한 것에 감사함을 느낀다.

올해 나의 자녀들은 초등학교 4학년과 1학년이 된다. 평생 새로운 꿈을 기획하고 이루는 기쁨의 삶을 살 것이다. 아이들과도 직접 꿈을 그리고 성취해 나가는 방법을 나누고 실천할 것이다. 드림 컨설팅의 첫 번째 의뢰인은 나 자신이다. 나는 이 원고를 통해 나의 꿈을 컨설팅했다. 개인저서를 출간하고 자녀의 학교에서 부모 멘토로서 첫 강연을 시작하는 내 모습을 생생하게 그린다. 이제 그 상상을 현실로 창조해 나갈 것이다.

인생5학교 만들기

가정주부
평범한 주부이지만 인생의 등대를 새롭게 세워 많은 사람들에게 할 수 있다는 것을 알려 주는 메신저의 삶을 살길 소망한다. 점이 모여 선이 되듯이 인생 2막의 길을 펼치고자 노력 중이다.

난 나보다 10년 정도 어른들의 이야기를 듣는 걸 좋아한다. 왜냐하면 나도 나이가 들어 갈 테니까. 또한 10년 뒤의 미래를 짐작할 수 있기 때문이다. 그때를 위해 배울 건 배우고 준비할 건 준비하며 후회하는 일이 없도록 하기 위함이다. 그분들은 그런 나를 보며 말씀하신다. "참 좋은 나이다."라고.

나는 처음에는 이 말씀의 의미를 몰랐다. 뭐가 좋다는 걸까? 회사를 다니며 아무리 일을 잘해도 45세가 넘으면 새로운 도전은 힘들어진다. 뽑아 주는 곳도 없고 주변의 시선에 이제 나이가 많다며 지레 늙어 버린다. 하지만 그분들은 "젊어서 좋다. 참 좋은 나이다." 라며 부럽다고 하신다. 그러니 처음에는 무슨 소리인지 이해가 가질 않았다.

그런데 이야기를 나누고 책을 읽고 강의를 들으며 시간이 지날수록 내 나이가 참 좋다는 생각이 들었다. 나는 노후에 대한 아무런 생각이 없었다. 그러다가 나보다 10년 먼저 인생을 경험한 선배님들의 이야기를 듣게 되었다. 그러곤 노후를 어떻게 보낼지 생각하며 책과 강의를 찾아보게 되었다.

언제부터인지는 모르겠다. 하지만 나에게 경제적 여유가 생기면 50~80대를 위한 인생5학교를 만들고 싶었다. 인생5학교에서는 누구에게나 배움의 기회를 제공한다. 그리고 기회를 얻은 이들은 재능기부와 경제적 자립을 위한 학교를 만든다. 그렇게 행복한 노후 생활을 제공하는 게 꿈이다.

청소년기에 나는 얼른 어른이 되어서 모든 것을 내 마음대로 하고 싶었다. 부모님의 간섭 없는 자유를 갈망했다. 20대의 나는 언제나 미숙하며 불안했고 어정쩡했다. 하고 있는 모든 일에 자신이 없었다. 자식을 책임져야 한다는 중압감에서 벗어나 평안해지는 40대를 꿈꾸었다. 불혹의 나이 40대는 인생의 깨우침을 자연스럽게 알아 가는 때라는 책의 대목에 마냥 동경의 대상이었다. 하지만 나는 지금 47세임에도 여전히 헤매는 데다 어설프다. 내 나이공부가 잘못되었음을 인지하는 데 7년의 세월이 걸렸다.

여전히 나는 내가 무엇에 재능이 있고 무엇을 좋아하는지 헷갈린다. 럭비공처럼 이리저리 굴러다닌다. 여전히 배움에 목말라한다. 삶을 어설퍼하는 내 노후가 마냥 무섭다.

나는 '벽에 똥칠할 때까지 살겠다'라는 소리가 저주처럼 느껴진다. 그런 만큼 의료기술과 과학의 발달로 언제까지나 살 수 있을 것 같은 경지까지 와 버린 인간 수명에 솔직히 겁난다. 수명만 길면 무엇 하는가!

얼마 전 시어머님이 노환으로 돌아가셨다. 젊어서 교통사고로 다리가 불편해지셔서 거동하기가 힘드셨다. 그러다 보니 집에서만 생활하시다가 돌아가셨다. 그런 만큼 본인도 그렇고 가족에게도 상처가 생긴 것 같았다. 그것을 보며 철없는 나는 60세에 죽을 수 있는 선택권이 주어진다면 그때 죽고 싶다고 생각하기도 했다. 노후에 대한 불안감을 외면과 회피로 나타내던 나였다. 그런데 이제 주위를 둘러보며 앞으로 나아가려 한다.

산을 오를 때 오르는 것만 생각하지 말자. 그렇게 밑만 처다보고 걷다가 정상에 와서 주위를 둘러보며 감탄하지 말자. 오를 때 주위를 둘러보며 예쁜 꽃도, 나무도, 풀도 보고 바위나 돌도 보자. 그러면서 '숨은 보물을 많이 품고 있는 산이구나!'라고 느끼며 스스로 알아 가는 공부의 필요성을 인지하자.

인간의 수명이 어디까지 갈지 모르는 상황에, 직장이 나의 노후를 책임져 주지 못하는 현실에 우리는 불안해만 할 것인가? 제1인생은 부모님과 걸었다면 제2인생은 혼자서 걸어야 한다. 제3인생은 사랑하는 사람과 걸어야 한다. 제4인생은 인생의 동반자와 가족과 걸어야 한다. 그러면 제5인생은? 배우자나 아님 다시 혼자서 걸어야 한다.

내가 처음 배운 것으로 인생을 모두 소비할 수 없다. 때문에 다시 살아가려면 공부가 필요하다. 이제 내가 무엇을 원하는지 알고 원하는 삶을 누려야 한다. 이제껏 내가 원하는 삶을 산 사람이 과연 몇 %나 되겠는가?

이제 누리고 살아 보자! 나를 위한 삶! 과연 어떤 것인지 알아 간다면 노후가 행복하지 않겠는가? 나의 모토는 '내 삶이 즐거워야 노후다'다. 그러므로 인생을 다시 설계할 인생5학교가 꼭 필요하다고 생각한다.

내 자식들에게 멋지게 노후를 보내는 모습을 보여 주자. 다가오는 노후가 두렵지만 않다는 걸 알려 주자. 자식들이 나도 저렇게 늙고 싶다고 기대하는 모습을 상상해 보라. 얼마나 가슴이 뛰는 일인가! 물질적 유산보다 정신적 유산을 물려주며 멋지게 인생을 마무리하고 싶지 않은가!

난 나의 노후를 위해 지금 다시 한 번 트랙 위에 선다. 두근두근 가슴이 뛰고 있다. 겁먹고 도망가지 않으려고, 지레 포기하지 않으려고 안 돌아가는 머리를 굴리며 공부한다. 마침 수능을 마친 아들이 "계속 공부만 할 거야?"라고 묻는다. 거기에 나는 "그래, 그럼 공부해야지!"라고 응수한다.

난 이제 인생5학교에 입학할 예비 신입생이다. 앞으로의 준비가 남은 50년을 좌우할 텐데 어찌 가만히 있을 수가 있겠는가! 가슴이 뛰고 심장의 피가 끓는 이 느낌을 잊지 말자!

엄마의 집을 지켜
그곳에 요양병원 세우기

사회복지사, 심리상담사, 실버건강관리사, 숲 해설가, 웃음 트레이너
현재 노인요양시설에서 사회복지사로 재직 중이다. 행복전도사를 희망해 짬짬이 웃음치료 봉사를 다니고 있다. 간절한 마음의
힘이 기적을 만드는 실제 증인이 되어 작가, 강연가로서 사는 삶을 꿈꾸고 있다.

우리 엄마는 여장부셨다. 아니다, 여리디여린 그녀를 험난한 삶
이 억세게 담금질해 그리 만들었다는 게 맞다.

엄마는 열여덟 살에 찢어지게 가난한 집에 시집왔다. 설상가상
으로 신랑은 6·25전쟁으로 군에 입대해 7년 동안이나 돌아오지
않았다. 그 신랑을 대신해 공장 일에 풀빵 장사, 삯바느질까지 하며
시어머니와 시동생, 시누이 둘을 먹여 살렸다.

제대 후에 남편은 외상 후 스트레스 장애를 앓았다. 마음의 병
은 남편의 몸까지 망가뜨렸다. 그 결과 남편은 한창 일할 나이임에
도 돈벌이하고는 거리가 멀었다. 남편을 대신해 4남매를 먹이고 입
히고 애지중지 대학까지 공부시키는 것은 엄마의 몫이었다. 엄마는

그 모든 것들을 오롯이 혼자 다 감당해 내셨다.

마침 이 글을 쓰는 오늘이 내 생일이다. 우리 엄마, 그 추운 엄동설한 저녁에 따뜻한 아랫목은커녕 남의 집 담벼락에 기대어 놓은 천막 안에서 날 낳으셨단다. 뼈를 깎고 살을 에는 것 같은 고통을 대체 어찌 견디셨을까? 온 가족이 쫄쫄 굶던 시절에 과연 물 한 모금이라도 편히 목 안으로 넘기셨을까? 일곱 달 반 만에 태어나 첫 숨조차 쉬지 못하는 나를 끌어안고 하염없이 통곡하셨다는 우리 엄마.

평생 몸을 혹사해 끝내는 마른 낙엽 바스러지듯 그렇게 쓰러진 엄마. 그것도 먼저 간 남편의 영혼을 위해 지극정성 100일 기도를 마치고서. 자식들 앞으로 50년 가까이 사시던 집만 덩그러니 남기시고서. 그렇게 홀연히 엄마는 아버지를 따라가셨다.

그 옛날 우리 가족은 또 한 번 길바닥에 나앉을 상황에 몰렸었다. 거의 무일푼인지라 사정사정하며 달러 빚까지 끌어대어서 장만한 집. 그리고 몇십 년을 몸이 부서져라 그 빚을 갚으며 쓸고 닦아 지켜 내신 마당 있는 외딴집. 엄마의 인생은 결국 그 집으로 남았다.

경치 좋은 시 외곽의 드넓은 규모의 건물은 아니다. 하지만 나는 그곳에 깔끔하고 쓸모있는 건물을 올리고 실내를 꾸밀 것이다. 이곳저곳 어르신들이 거처하실 자리 곳곳을 돌아보고 세심하게 챙길 것이다. 만약 우리 엄마가 계신다면 내 집 같다고 하시려나? 우리 아버지가 계신다면 내 침대 같다고 하시겠지?

꿈을 꾼다. 엄마가 한평생 일궈 놓으신 그 자리. 네댓 살 어릴 적부터 생활했던 그 자리. 4남매가 뛰어놀던 그 자리. 마당 한편에 직접 만든 우물이 있고, 슬레이트를 얹어 멋진 지붕이 탄생했던 그 자리. 아버지가 일손을 멈추지 않고 부지런히 만든 멋진 집이 있는 그 자리. 우리 집보다 형편이 좀 더 어려운 이웃 누구에게라도 선뜻 방 한 칸 내어주고 친구처럼 가족처럼 그렇게 어울려 함께 살던 그 자리.

이제 그곳에 사무치게 그리운 내 부모님은 떠나고 안 계신다. 하지만 몸도 마음도 병들어 아프고 외로움에 지친 사람들, 정말 따뜻한 사랑을 필요로 하는, 다른 많은 부모님들의 자리가 되어 간다.

'엄마, 고맙습니다. 당신 덕분에 꿈을 꿉니다. 지켜봐 주십시오. 당신의 마지막 꿈을 지키겠습니다.'

부모님 성품을 빼닮은 까닭이겠지? 큰오빠는 실속 없이 남에게 퍼 주기만 좋아하는 성정이다. 그런 탓에 작은 규모긴 하지만 직접 요양원을 운영하면서도 입소비조차 제대로 받지 못한다. 그래서 늘 경영난에 허덕인다. 마지막까지도 그 자식 걱정을 놓지 못하시던 엄마의 꿈이기도 하리라!

환갑을 넘긴 나이에도 어르신들을 "엄마, 아버지"라고 부르며

온갖 재롱을 다 부리는 원장님. 아버지에 이어 결국 엄마마저 떠나보내고 난 후에 큰오빠는 어르신들만 뵈면 자꾸 눈물이 쏟아진다고 한다. 더는 요양원을 못할 것 같다고 한다. 하지만 이게 마지막 과업이라던 그 마음이 변치 않았다면 큰오빠의 꿈은 완전히 실현한 셈일 것이다.

나는 70세 중·후반까지 아버지께서 직접 운전하시던 승용차를 물려받았다. 그러곤 두 분 마지막 가시는 날까지 그 차로 병원을 내 집 드나들 듯 모시고 다녔다. 그래서인지 달랑 하나 남은 부모님과의 추억의 연결고리인 양 여겨진다. 그래서 힘들다. 그만 놔 달라는 듯 하루가 다르게 여기저기 고장이 잦아지는 자동차를 아직 포기하지 못하고 붙들고 있다. 그런 것처럼 엄마의 인생 마지막 징표로 남은 그 집을 이 삶이 끝날 때까지 지켜 내는 것 또한 더할 나위 없이 소중한 나의 꿈이기도 하다! 괴테는 다음과 같은 말을 했다.

> **"꿈을 계속 간직하고 있으면 반드시 실현할 때가 온다."**

신은 언제나 내 기도를 들어주신다. 나는 무엇이든 될 수 있고, 할 수 있고, 가질 수 있다. 나는 온 마음을 다해 '엄마의 집을 지켜 그곳에 요양병원을 세우리라'라는 꿈을 선포했다. 반드시 그 소망이 이뤄진다는 설렘과 기대로 가득하다.

"너희 말이 내 귀에 들린 대로 내가 너희에게 행하리라. 누구든지 이 산더러 들리어 바다에 던지우라 하며 그 말하는 것이 이룰 줄 믿고 마음에 의심치 아니하면 그대로 되리라."

내 이름으로 된 책 쓰고
세상과 소통하기

미니멀리스트, 한국어 교원, 자기계발 작가, 동기부여가
웹 디자인 관련 사무와 인테리어 실장으로 일하다 프리랜서로 전향했다. 한국어 교원으로 외국인에게 한국어를 가르치는 봉사를 하며 나누는 삶을 실천하고 있다. 현재 미니멀리스트로서 '인생을 배우는 행복한 미니멀리스트의 육아'를 주제로 개인저서를 집필 중이다.

이지성 작가를 2012년 8월 12일 처음 만났다. 1년간 365권의 책을 읽고 나서 만났다. 작가가 되기 위해서는 더 많은 책을 읽어야 한다고 말씀하셨다. 자신감을 북돋워 주시고 마음가짐을 다시 새롭게 가질 수 있도록 격려해 주셨다. 내가 알지 못했던 다양한 경험과 인생에 필요한 태도, 글을 통해 사회에 공헌해야 하는 이유와 사명감에 대해서도 알려 주셨다.

이것은 2011년 8월 12일에 썼던 일기다. 사실처럼 적어 내려간 일기지만, 나는 사실 이지성 작가를 만나지 못했다. 그때《꿈꾸는 다락방》을 처음 만나고 가슴이 뛰어 그의 카페에 가입했다. 그러곤 작가가 되겠다는 꿈을 가지고 줄기차게 성공에 대한 책을 읽어 내려갔다. 한 달 남짓 그 당시 읽었던 책과 느낌을 적은 일기가 있다. 하지만 그 뒤에는 글이 없다. 나는 그 가슴 뛰던 꿈을 마음에 품었다가 한 달 만에 흐지부지 놓아 버린 것일까?

나는 아니라고 말하고 싶다. 그때의 작은 희망이 불씨를 지펴 놓았을 것이다. 꾸준히 책을 읽고, 삶을 사색하고 일기를 썼던 그 시간들이 지금의 나를 만들었다고 생각한다.

도전을 멈추는 것이 실패다. 나는 멈추지 않았다. 전부터 책 읽기를 좋아했다. 늘 책을 들고 다니며 읽었다. 그러면서 나처럼 책 읽기를 좋아하는 독자들에게 세상 살아갈 힘을 주고, 소통하는 작가가 되고 싶었다. 하지만 글쓰기는 배워야 한다고 생각했다. 너무나 부족한 내 글은 가벼운 깃털처럼 느껴졌다.

그렇게 몇 년의 시간이 지났다. 하지만 늘 작가가 되고 싶다는 마음만 가졌지 글을 쓰지는 않았다. 최근에 류대성의 《사적인 글쓰기》를 만났다. 그런데 부제가 내 눈에 쏙 들어왔다. '쓰고 싶은 사람'에서 '쓰는 사람'으로, 오로지 나를 위한 글쓰기 시간. 그렇다. 나는 늘 글을 쓰고 싶어 하는 사람이었지 쓰는 사람은 아니었던 것이다.

글쓰기 책을 수십 권 읽었다. 그런데 공통된 내용이 일단 써 보라는 것이었다. 써 보면 필력이 늘 수도 있다면서. 그래서 결심했다.

쓰는 사람이 되기로. 2012년에 아이를 낳으면서 육아일기를 간간이 썼었다. 그것이 바탕이 되었다. 아이를 키우면서 내 철학이 담긴 글을 쓰는 데. 세상과 소통할 수 있는 글을 쓰는 데. 그렇게 지금은 작가가 되기 위한 연습생의 시간을 보내고 있다. 하루 동안 내가 글을 쓸 수 있는 시간은 오전 2시간과 아이가 자는 밤 2시간이다. 그때 오로지 나만을 위한 시간이 생긴다. 그 시간을 흘려보내지 않아야 한다. 나는 그때 글을 쓰며 지내 보기로 한다.

과거의 부족한 나는 잊자. 현실인 지금 내 마음의 글을 쓰자. 그 불꽃을 피워 보자. 나도 발전할 수 있도록 재미있게 글을 쓰고 독자에게도 도움을 줄 수 있는 글을 쓰기로 결심했다. 아무것도 변하지 않을지라도 나 스스로가 변하는 순간 우주가 변한다고 했다. 변화하기 위한 소중한 시간을 확보했다. 그렇다면 나에게 남은 것은 글을 쓰는 일이다!

나는 7년 동안 책만 읽고 글을 쓰지 않았다. 어찌 보면 그 시간들이 정말 아깝게 느껴질 수도 있다. 하지만 나는 육아로 힘들 때마다 책을 읽었다. 그러면 다시 새 힘을 얻어 힘차게 육아를 해 나갈 수 있었다. 그렇게 책이 나의 멘토가 되고 활력이 되고 에너지가 되었다. 그것을 깊이 깨달은 그 소중한 시기가 있었기 때문에 그 시간이 아깝지 않다. 나는 앞으로 내가 살아 있는 동안에는 글을 쓸 것이다. 책은 사랑이며 가능성임을 글을 통해 독자에게 알려 주고 싶다. 나는 내가 사랑하는 일, 글쓰기를 하며 살고 싶다.

2012년도에 적어 두었던 버킷리스트를 보았다. 해 본 것도 있고 못 해 본 것도 있다. 하지만 절대 할 수 없을 일이 적혀 있었다. 바로 '아빠에게 좋은 차 한 대 사 드리기'였다. 아빠는 심장마비로 2016년 7월에 돌아가셨다. 그때 아빠는 연식이 오래된 중고차를 타고 다니셨다. 그런 만큼 이 버킷리스트가 할 수 없는 일이 되었다는 게 너무 가슴이 아프다.

아빠가 이렇게 빨리 돌아가시게 될 줄 몰랐다. 어른들이 하시는 "부모님 계실 때 잘해 드려"라는 말씀이 가슴 깊이 다가오게 되었다. 나는 아빠가 돌아가시기 전해에 중국 여행을 보내 드렸었다. 내 형편을 생각하면 조금은 무리였다. 하지만 그렇게라도 중국 여행을 보내 드린 것이 내 생에 제일 잘한 일이 되어 버렸다.

그 큰일을 겪은 후 많은 생각을 하게 되었다. 내가 꿈을 이뤄야 하는 이유. 작가가 되어 글을 쓰는 인생을 살아야 하는 이유도 분명해졌다. 언제 죽을지 모르는 만큼 하고 싶은 일을 하며 살아야 하지 않을까? 그리고 내가 하루하루 꿈을 향해 달려갈 때 엄마 역시도 나를 자랑스러워하시며 즐겁게 사실 수 있지 않을까. 내가 할 수 있는 가장 큰 효도는 인생을 즐겁게 살아가는 모습을 보여 드리는 것이 아닐까.

그래서 나는 죽기 전에 내 이름으로 된 책을 내 보려 한다. 이렇게 평범하기 짝이 없는 나 같은 사람도 꿈을 꾸고 실행하면 꿈을 향해 나아갈 수 있다는 희망을 주고 싶다.

세계여행 하며 봉사하는
강연가 되기

뮤지컬 잉글리쉬 강사, 창의지필퍼즐 강사, 교육 전문가

서울 북부지역 뮤지컬 잉글리쉬 강사로 활동하고 있다. 또한 이문체육문화센터에서 창의지필퍼즐을 강의하고, 교육 전문가 빨간펜 선생님(동대문센터)으로서 아이들을 가르치고 있다. 미래의 최고 교육 전문가, 마음을 연결하는 따뜻한 강연가가 되기 위해 준비하고 있다.

나의 사랑스러운 여섯 살 아들 온유가 물었다.

"엄마는 꿈이 뭐야?"

"응? 좋은 엄마?"

꿈? 추상적으로 느껴지는 만큼 막상 물으니 선뜻 대답하기가 어려웠다. 나에게 꿈이란 뭐고, 정말 나를 가슴 뛰게 하는 것은 무엇인가? 그러고 보니 6년 동안 아이만 바라보고 살았구나! 세상 무엇보다 소중한 아이를 위한 나의 삶. 엄마라는 이름. 그럼 난 어떤 엄마가 되어야 할까? 아이는 하나님의 선물이라고 했는데, 진정 나를 향한 하나님의 뜻은 무엇이란 말인가?

2018년 9월의 어느 날. 그날도 어김없이 아이를 위한 외출을 했다. 신내동 링컨학교와 미래인성아카데미가 주최하는 다문화축제에 참여하기 위해서였다. 세계여행이 꿈인 만큼 나는 다문화축제에서 아이에게 그들의 문화를 체험시켜 주는 것이 좋은 추억이 될 거라 생각했다.

5대륙(아프리카, 아시아, 유럽, 아메리카, 오세아니아)으로 해외봉사를 나갔던 대학생들. 그들이 각 나라의 대표적인 음식과 물건, 문화, 전통놀이 등을 소개하고 체험하게 해 주었다. 그렇게 우리에게 멋지고 즐거운 시간을 선물했다. 나에게는 온유가 저런 대학생이 되었으면 하는 바람도 생겼다.

체험을 마친 후 아이들은 댄스를 배우고, 부모님들은 강연을 듣게 되었다. 한 대학생이 나와 해외봉사를 하며 느낀 가족의 소중함, 본인의 가치와 행복은 물질이 아니라 사랑이라는 것을 들려주었다. 또한 미래인성아카데미 원장님께서 마음과 마음이 연결되는 것의 중요함, 특히 부모와 자식 간의 마음의 연결이 중요함을 강연하셨다.

아이가 아프면 내가 아프다. 아이가 행복하면 내가 행복하다. 그건 아이와 내가 연결되어 있기 때문이다. 그러므로 부모와 자식 간의 연결이 중요하다. 원장님은 요즘처럼 가족이 쉽게 해체되는 현실에서 가족을 회복시키고 행복에 이르는 열쇠를 알려 주셨다.

그 후로 난 링컨학교 선생님들이 주최하는 토요일 댄스 수업에 아이와 함께 간다. 거기에서 아이들은 원어민 선생님과 신나는 댄스를 배운다. 다문화 엄마들은 한국어 교실에 참여한다. 한국인 엄마들은 영어와 캘리그라피 등 다양한 활동을 한다.

11월 24일엔 한국인 엄마들을 위한 영어 말하기 대회가, 12월 2일엔 다문화 엄마들을 위한 한국어 말하기 대회가 있었다. 엄마여서 참여하게 된 영어 말하기 대회가 나를 도전하게 했다. 용기를 주고, 힘을 주었다. 무엇보다 아이에게 자랑스러운 엄마가 될 수 있어서 너무나 감사했다. 그 과정 자체가 너무 즐거웠다. 한국인 엄마들과도 마음을 나눌 수 있어서 행복했다.

다문화축제를 계기로 시작된 링컨학교와 미래인성아카데미와의 만남은 절망 속에 있는 나에게 희망의 꽃을 피워 주었다. 그분들과 마음이 연결되어 행복해진 내가 이제는 서서히 꿈을 찾아 가고 있다.

사랑하는 온유와 세계여행과 봉사를 하며, 마음과 마음을 연결해 주는 강연가로서 사람들에게 행복을 주고 싶다. 내가 받은 그 사랑과 행복을 나누어 주고 싶다. 힘든 결혼생활에 삶의 이유가 되어 준 소중한 내 아이와 함께. 이제는 엄마라는 이름으로 아이의 미래에 날개가 되어 줄 것이다. 세상을 힘차게 날아갈 길을 열어 줄 것이다. 신소영이라는 이름으로 세계를 누빌 것이다. 그러면서 삶에 지치고 힘든 많은 사람들에게 사랑과 행복을 함께 전하는, 마음을 연결해 주는 강연가가 되고 싶다.

전 세계 1% 회사로 가는
뿌리 세우기

한국 해외구매대행 기업 〈엘프링 글로벌〉 대표

미국 서부 오리건주 법인회사 〈ELFRING InC.〉을 본사로 두면서 20대부터 디지털 노마드의 삶을 꾸리며 살아왔다. 2018년에만 9개의 나라를 돌아다니며 회사를 키웠고, 현재 팀원들과 세계 곳곳을 누비며 해외직구 관련 플랫폼 어플을 개발 중이다.

ELFRING InCoporation. 태평양을 맞대고 있는 미 서부의 거대한 주 오리건. 2018년 5월 나는 세계에서 제일 유명한 의류 브랜드 나이키의 본사가 위치한 머나먼 이 땅에 현지 법인 주식회사를 설립했다. 어렸을 때 꿈꾸었던 내 소유의 주식회사 세우기. 여러 고비를 넘기며 달려와 세운 회사다. 때문에 더욱 빛나는 쾌거였다.

고등학교 시절 처음 접했던 해외직구. 나는 그것을 사업에 접목했다. 그렇게 한국에서도 구매대행 사업을 진행 중이다. 이제는 해외에 법인까지 설립한 회사의 대표다. 그런 내게 죽기 전에 꼭 하고 싶은 것을 한 가지로 추려 보라면, 선뜻 말하기 쉽지 않다. 정말 많은 목표가 머릿속을 스쳐 지나가기 때문이다.

'주식상장', '독점계약', '자체 브랜드 제품 출시' 등등 많은 목표들이 꿈틀대며 20대 청년사업가의 마음을 흥분시킨다. 하지만 침대에 누워 가만히 생각해 보니 내가 죽기 전에 꼭 하고 싶은, 그리고 해야 할 것은 '강남 한복판에 회사 소유의 빌딩 세우기'였다.

젊은 나이에 대표로서 사업을 시작했다. 그러다 보니 돈이라는 건 있다가도 없어진다는 걸 동년배의 친구들보다 빠르게 깨달았다. 돈이라는 것은 시간이 흐를수록 가치가 떨어진다. 내가 번 현금 자본 또한 마찬가지다. 현금뿐만 아니라 대다수의 재화는 시간이 지나면 그 가치가 떨어지게 마련이다. 하지만 대한민국에서 시간이 흐를수록 역주행하는 것 중 하나를 꼽으라면 당연히 서울의 땅값이다. 그중에서도 불패의 신화를 자랑한다는 강남의 빌딩의 가치.

가화만사성(家和萬事成). 예로부터 조상님들은 "집안의 대들보만 잡아서 집을 세우면, 천 년의 시간도 끄떡없다"라고들 했다. 모든 일의 근원은 바로 집(家)이다. 1,000년의 세월을 버티는 곧은 나무와 마찬가지로 회사도 단단한 뿌리가 펼쳐져 있어야 한다. 이 뿌리, 단단함의 근원은 회사 소유의 건물이다. 회사가 위태롭더라도 건물이 온건히 그 자리를 지키고 있다면 위기를 벗어날 수 있다.

사업을 진행하다 보니 외부에 비쳐지는 이미지, 즉 사무실의 위치나 법인의 크기 등에 따라 상대방과의 계약 진행 역시 달라짐을 새삼 느낀다. 내가 번듯한 모습을 상대방에게 보여 주면 상대방은 그에 맞추어 격식을 차리고 나를 맞이해 준다. 사업체 소유의 빌딩이 있다는 것은 사람으로 치면 번듯한 정장 차림을 하고 있는 것이라고 표현할 수 있다. 이를 바탕으로 더 번듯하고 신뢰 가는 인상을 상대 계약자들에게 심어 줄 수 있게 되는 것이다. 브랜드 자체의 이미지나 회사 소유의 빌딩이 있다는 정보 등은 우리가 인지할 수 있는 무형의 자산들이다.

일례로, 미국의 마우스 제작 회사와 계약 당시 한국의 사업자로서 난항을 겪었던 때가 있었다. 그도 그럴 것이 미국 법인회사의 입장에서는 우리는 제3국의 회사였다. 그렇기 때문에 계약 후 진행 상황에 대한 사후 통제가 어렵다고 생각했던 것 같다. 대표 간의 이견이 선뜻 좁혀지지 않았다.

하지만 미국에 동등한 위치의 법인을 세우자 미루어지던 계약은 생각보다 쉽게 해결되었다. 이는 분명 눈에 보이지는 않지만 '미국 현지의 법인회사'라는 가치가 사업자 당사자들 간에 작용했다는 증거다. 하물며 한국의 가장 노른자위 땅 강남에 본사 빌딩을 소유한 사업체라면? 그 어떤 계약 상대라도 그 묵직함을 무시하지는 못할 것이다.

2018년 〈한국경제신문〉의 조사 결과에 따르면, 오리건주에 본사가 있는 나이키의 브랜드 가치는 무려 320억 달러, 우리 돈 36조 원에 달한다. '나이키'라는 브랜드 자체의 값어치가 말이다. 그런 나이키가 있기까지 가장 큰 버팀목이 되어 준 건 바로 본사 건물에서 똘똘 뭉쳐 일하는 직원들이라 생각한다.

누구나 건물주를 꿈꾸지만, 아무나 이룰 수는 없다. 5천만 국민이 모두 강남에 자기 회사 소유의 건물을 세울 수는 없다. 하지만 나는 그 사실을 알고 있다. 내가 오늘 출퇴근하며 지나온 수많은 강남의 빌딩들 역시 누군가의 소유임을. 우리 회사가 저 강남의 빌딩의 다음 소유자가 되지 못하란 법은 없다.

다양하고 풍요로운
삶 살기

프랑스 문학 번역가, 프랑스어 클리닉 운영자

박민규, 김중혁, 한유주의 소설을 프랑스어로 번역했다. 국내 최초로 중국어, 프랑스어 클리닉을 운영하고 있다. 특히 프랑스어 전공자와 유학생을 대상으로 하는 프랑스어 클리닉에서는 실제 병원과 유사하게 문제점 진단, 적절한 학습법과 내용 처방, 추후 관리로 이어지는 서비스를 제공한다.

10년을 번역가로 살았다. 통역과 기술번역을 하다가 문학번역으로 점점 범위를 좁혀 나갔다. 나중에는 역서 몇 권이 프랑스에서 출간되기도 했다. 하지만 나는 사실 남모를 콤플렉스를 안고 살았다. 나는 매번 새로운 분야, 새로운 작가의 작품을 번역해야 했다. 그러다 보니 어디서부터 어디까지 공부해야 할지, 도대체 어느 정도 더 노력해야 '전문가' 취급을 받는지 알 수 없었다. 언어란 본래 완벽하게 통달하기 어려운 것이다. 그런데다 번역을 하면 할수록 내가 몰랐던 분야를 알게 되니 알아야 할 것의 범위는 점점 커져만 갔다.

그러면서 나의 외도 아닌 외도가 시작되었다. 천연비누와 화장품 제조 자격증을 취득해서 수업도 하고 판매도 했다. 나는 영어, 프랑스어, 중국어를 구사하는 프랑스어 번역가다. 그리고 취미는 발레와 피아노다. 그런데 이제는 이것저것 만들어 주위에 나누어 주기까지 한다. 그러다 보니 나도 모르게 재주 많은 여자로 알려졌다. 부러움이 섞인 칭찬이 잦아질수록 제대로 할 줄 아는 건 거의 없다는 은밀한 부끄러움이 밀려들었다.

내가 전문가가 되고 싶었던 이유는 간단하다. 세간의 인정을 받기 위해서가 아니다. 몰입할 대상이 필요했다. 혹자는 취미생활에 몰입하면 되지 않느냐고 한다. 하지만 나는 한 가지 분야를 연구하고 그 연구 결과가 쌓여 수익 창출로 이어지는 삶을 살고 싶었다. 나이를 먹는 것이 마이너스가 아닌 플러스가 되는 그런 삶을 살고 싶었다. 번역 원고를 벗 삼아 작업실에서 홀로 장시간 앉아 있는 것은 돌아다니기 좋아하는 내 성향을 거스른다. 그 사실을 다시금 의식하던 시점에 미래에 대한 고민이 다시 시작되었다.

그러던 어느 날, 신장암 수술을 무사히 마치고 멋지게 재기에 성공한 발레리나 페트라 콘티가 의미심장한 말을 했다.

> **"여러분이 좋아하는 일을 찾으세요. 그러면 평생 단 하루도 일한다는 느낌 없이 살게 될 겁니다."**

대체 좋아하는 일을 직업으로 삼는 느낌이 뭘까? 그런 사람에게 하루하루는 어떤 의미일까? 궁금해서 견딜 수 없었다.

나는 생각하기 시작했다. '번역가가 즐기며 할 만한 일이 독서 말고 뭘까?', '20년 정도 경력을 쌓아서 자기 이름으로 책 한 권 내는 것. 노년까지 일감 끊기지 않고 일하는 것 정도가 제일 성공한 번역가의 인생 아닌가?'

그러다가 불현듯 나의 특기가 생각났다. 취업을 준비할 때 특기란에 무엇을 적을까 고민하다가 '절대음감 소유자'라고 몇 번 적은 것이 떠올랐다. 사실 '절대음감을 가진 귀'에 흥미를 보이는 채용자는 한 명도 없었다. 그들은 나의 프랑스어 실력만을 필요로 했다. 그런데 그때 '절대음감을 사용해서 사람들의 발음을 분석해 주고 전체적인 학습 컨설팅을 해 주는 클리닉을 열면 어떨까'라는 생각이 스쳤다. 나는 내가 운영하는 블로그에 발음 클리닉에 대한 공지를 게시했다. 정확히 만 이틀 만에 통장에 100만 원이 입금되었다. 나는 그렇게 외딴 작업실에서 세상 밖으로 나왔다.

사람을 만나 그들의 문제점을 분석하고 해결책을 제시하는 일은 무척 즐거웠다. 앞서의 발레리나가 말했던, '일이 일이 아닌' 느낌을 처음으로 경험했다. 학생들은 내가 굉장히 성실해서 수업 준비를 많이 한다고 생각할 것이다. 하지만 나는 이 일이 일 같지 않고 재미있기 때문에 시간을 많이 들여도 힘들지 않은 것뿐이다. 그렇게 하고 싶은 일은 점점 늘어만 갔다. 일을 벌이기 좋아하는 성격에 맞게 한번 생각의 전환이 이루어지니 아이디어가 봇물 터지듯 쏟아졌다.

내가 죽기 전에 하고 싶은 일은 구로구나 영등포나 강남이나 광화문 등 직장인이 많은 지역에 클리닉을 여는 것이다. 이 클리닉은 척추 교정 클리닉이나 내과 클리닉 같은 것이 아니다. 발음, 공부 방법, 더 나아가 인생을 다루는 클리닉이다. 이 클리닉의 처방법은 단순하다. '지금까지 접해 보지 못한 완전히 새로운 어떤 것을 배우기.'

자신이 무슨 일을 좋아하는지, 세상에는 대체 어떤 직업들이 있는지 잘 모른 채 하루하루를 흘려보내는 이들이 있다. 나는 그들에게 단 하루라도 새로운 세상을 강렬하게 경험시켜 주고 싶다. 문법책을 들고 끙끙대거나 계속해서 틀린 발음으로 100번씩 동영상을 보며 연습하는 사람들에게 정확한 발음과 공부 방법을 알려 주고 싶다. 발레 선생님, 발레 취미생을 위한 원 데이 프랑스어 클래스도 열고 싶다. 그들에게 대부분 프랑스어인 발레 용어의 정확한 의미와 발음을 알려 주고 싶은 것이다. 수업료는 돈이 아니라 발레 클래스 수강권으로도 교환 가능하게 하는 시스템은 어떨까?

집에 있는 비누, 화장품 도구를 사무실로 옮겨서 천연제품 클래스도 만들고 싶다. 머리가 복잡할 때 모든 잡념이 사라지게 하는 비누, 화장품 제조의 세계를 직장인들에게 알리고 싶다. 또한 피아노 수업도 하고 싶다. 피아노 전공은 아니지만 프랑스에서 6개월 음악원을 다니며 피아노를 배웠다. 입시나 스펙을 위한 피아노가 아니라 음악 자체를 즐기는 법, 감정을 표현하는 법을 알려 주는 수업을 하고 싶다. 지금도 프랑스 피아노 선생님의 당부가 생각난다. "피아노가 나무가 아니라 숨 쉬며 발효 중인 빵이라고 생각해 봐. 빵을 주무르듯 건반을 누르는 거지." 이런 식의 프랑스 감성으로 피아노를 가르치고 싶다.

중국어를 꼭 배워야 하는 사람들을 상대로 내가 사용했던 3개월 기본 완성 프로그램도 운영하고 싶다. 영어의 굴레 속에 갇혀 외국어 무능력자라는 패배감에 시달리는 사람들. 그들에게 한국인이 가장 마스터하기 쉬운 언어인 중국어의 문을 활짝 열어 주고 싶다. 직장인들이 운동의 즐거움을 느끼도록 발레 강사를 초빙해서 발레, 필라테스 클래스도 열고 싶다. 단 하루만이라도 운동이 몸과 마음을 어떻게 달라지게 하는지 직접 느끼게 하고 싶다.

이렇게 써 놓고 보니 정말 이렇게 정신없는 사람이 있나 싶다. 사람들은 도대체 나의 정체가 뭔지, 이런 정신없는 사람이 진짜 번역을 할 수 있나 의문이 들 것이다.

레오나르도 다빈치는 과학자, 수학자, 철학자, 화가, 조각가, 음악가, 식물학자, 지리학자였다. 아리스토텔레스는 철학자, 수학자, 논리학자, 물리학자였다. 아인슈타인은 과학자가 되지 않았다면 음악가가 되었을 것이라고 말하곤 했다. 요즘은 판사가 소설을 쓰는 시대다. 심지어 20개의 직업을 가진 전직 프로레슬러도 있다.

나는 천재가 아니지만 다양하고 풍요로운 삶을 살고 싶다. '통합'과 '융합'은 거스를 수 없는 이 시대의 트렌드다. 내가 죽기 전에 하고 싶다고 말한 것들은 미래에 내가 진짜 이루고 싶은 꿈이기도 하다. 하지만 동시에 내가 죽기 전에 세상이 변해 가는 방향일 것이라는 기분 좋은 예감이 든다.

세계 여러 나라 최고급 호텔에서 숙박하기

자기주도학습 전문가, 창의융합교육 강사, 자기계발 강사, 동기부여가

자기주도학습을 코칭을 하고 있으며 작가로서 아이들의 꿈과 목표를 돕는 교육을 하고 있다. 또한 유튜브 〈혼자공부TV〉를 진행하며 많은 아이들과 부모님들에게 선한 영향력을 미치는 삶을 누리고 있다. 저서로는 《전교 꼴찌도 1등으로 만드는 혼공습관》, 《보물지도 16》이 있다.

마트를 가서 우연히 보게 된 여행 책자 속에서 스페인의 가우디 건물이, 뉴욕의 자유의 여신상이, 프랑스 파리의 에펠탑이 나를 유혹했다.

나는 한 번도 해외여행을 간 적이 없다. '시간이 없어서, 비용이 많이 들어서'라는 이유인지 아닌지도 잘 기억나지 않는다. 신혼여행마저 제주도로 다녀오고 보니 해외여행을 가는 것이 큰 숙제가 되었다. 가 보려고 여권도 만들었다. 그러나 꿈을 이루지 못한 채 10년 여권은 사용할 수 없게 되었다. 그렇게 해외여행을 즐기지도 못한 채 30대를 맞이했다.

신랑에게 "여보, 우리는 해외여행 언제 가지?"라고 물으면 "올해는 너무 바쁘네."라는 말뿐이었다. 정말 사는 것이 바쁜 만큼, 하는 일이 쉴 수가 없는 일인 만큼 충분히 이해는 갔다. 하지만 이러다가 꼬부랑 할머니가 되어서도 못 갈 거 같다는 생각이 들기 시작했다. 무엇이라도 시작해 보자는 마음으로 10년짜리 여권을 다시 만들었다.

남들 다 가는 동남아 여행도 아직 가 보지 못했다. 하지만 올해부터 하나씩 버킷리스트를 이루고자 한다. 먼저 가 보고 싶은 나라를 종이에 써 보기 시작했다. 괌, 프랑스, 스페인, 독일, 미국, 이집트, 홍콩, 일본 등등.

나에게는 꿈이 있다. 이제야 다니게 되는 여행이라면 편하게 즐기면서 행복하게 보내고 싶다는 게 꿈이다. 보고 싶은 것을 보고 휴식도 편하게 취하면서 말이다.

얼마 전 큰아이가 물었다. "엄마 미국이 좋아? 일본이 좋아?"라고. 갑작스런 질문에 당황하며 내가 다시 큰아이에게 물었다. "종원아? 외국에 가는 거 싫다고 했었잖아. 그런데 갑자기 가고 싶어?" 그랬더니 아이는 "응, 이제 가 보고 싶어."라고 했다. 아이는 외국말도 외국인도 부담스럽다며 해외로 여행 가자고 하면 싫다고 했었다. 그런데 갑자기 왜 그럴까. 나는 거듭 생각했다.

며칠 후 청소를 하다가 의문이 풀렸다. 학교 가방에서 종이 여권이 나온 것이다. 학교 수업 중에 여권을 가지고 미국도 가고 일본도 가는 꿈을 친구들과 나눴다는 생각이 스쳤다. 그러면서 '우리 아들에게도 목표와 꿈이 생겼구나'라는 생각에 내심 기뻤다. 아이와 함께 우리의 드림지도를 만들어 봤다.

비행기를 타고 가는 여행이 즐겁다는 사실은 안다. 하지만 더 크게 해 보고 싶은 일이 있다. 세계 여러 나라 고급호텔에서 생활하는 것이다. 꿈은 크게 키우고 제대로 생각하면 이루어진다고 했다. 나 역시 배낭여행이 아닌 고급호텔에서 묵는 세계여행을 꼭 해 보고 싶다. 이렇게 생각만으로도 너무 행복하고 기쁘다. 웃고 즐기고 나의 꿈을 이루어 가며 성장하는 모습이 벌써 눈앞에 그려진다.

내가 해외여행을 간다면 나의 하루는 이러할 것이다.

모닝콜 소리에 잠에서 깨어나 커피를 주문한다. 그리고 가뿐히 운동으로 하루를 맞이하고 책을 쓰기 시작한다. 새벽시간을 그렇게 보낸 뒤, 조식을 먹고 책을 읽으며 오전을 보낸다. 점심부터는 본격적인 여행을 하면서 아주 천천히 문화 탐방을 한다. 천천히 걸으며 바라보고 또 바라본다. 생각을 메모하고 기록으로 남기면서. 이 모든 활동이 모여 창의성 수업에 도움이 된다. 나는 크게 키운 창의융합교육소를 통해 많은 아이들의 창의성 발달에 도움이 되는 역할을 한다. 나는 많은 아이들이 즐길 수 있는 다양한 아이디어를 경험 속에 담아 간다.

이렇게 나는 프랑스 파리부터 독일, 스위스, 이탈리아의 마을들을 돌며, 그냥 빨리 떠나야만 하는 여행이 아닌 천천히 그 속에서 느낌을 찾는 시간을 보내고자 한다. 그렇게 세계의 나라를 최고급 호텔에서 편안하게 쉬며 여행하는 여유로운 사람이 될 것이다.

1인 기업가로서 월 1,000만 원 수익 창출하기

드림워커, 자기계발 작가, 동기부여가
꿈도 야망도 많은 20대 청춘 드림워커로, 필리핀, 일본, 호주, 대만 등 다양한 나라를 돌아다니며 자아를 찾는 중이다. 앞으로 쓰일 글과 그림들이 사회에 선한 영향을 미치길 바라는 마음으로 다양한 경험을 쌓고 있다.

나는 어린 시절부터 책 읽는 것을 좋아했다. 누가 시키지 않아도 혼자 도서관에 다니며 책을 읽었다. 서점 구석을 차지하고 앉아 그날 관심 있는 분야의 책들을 탐독했다. 어렸을 때의 꿈이 내 서고를 만들어 내가 좋아하는 책들을 꽂아 놓는 것이었다. 그런 만큼 나의 책 사랑은 그 누구보다도 진심이었다는 걸 알 수 있다.

여러 분야 가운데서도 나는 '자기계발서'를 주로 읽었다. 어려운 한자로 쓰인 지식 서적보다 쉽게 읽을 수 있었기 때문이다. 한 사람의 파란만장한 삶과 성공에 관한 이야기가 책 한 권에 담겨 있었기 때문이다. 그렇게 한두 시간 만에 그의 인생을 들여다볼 수 있었다. 부모님의 잦은 다툼에 정신적으로 지쳐 있는 내게 그런 책들은 "성공할 수 있다! 나도 그 삶을 견뎌 냈기 때문이다!"라고 말해 주었다. 그 문장 하나하나가 선생님이었고, 내 꿈이었다. 무심코 잠길 뻔했던 내 무의식을 깨워 주는 도끼와도 같았다.

그러나 부모님은 그런 나를 탐탁지 않아하셨다. 초등학생이나 중학생같이 이른바 '뭘 모르는' 시절에야 장래를 기대하며 책 읽는 것을 좋아하셨을 뿐이다. 내가 고등학교에 올라가고, 성인이 되니 이젠 현실을 봐야 하지 않겠냐며 나를 나무라기 시작하셨다. 책에 쓰인 글귀는 '당장 내일 무엇을 먹어야 할까', '이번 달 생계를 어떻게 꾸리지'와 같은 생존의 고민 앞에서 쓸모없는 탁상공론이 되었다. 즉, 내가 가진 이상은 그들 앞에서 망상이 되었다. 나는 '노력'만을 외치는 허풍쟁이처럼 싸늘한 눈초리를 받았다.

그러다 보니 정말 내가 책을 좋아하는 것일까 하는 의문도 들었다. 책을 좋아했지만 전교 순위에 들 만큼 공부를 잘하지 못했기 때문이었다.

정말 나는 무의미한 행위를 반복한 것인가? 나는 목적 없는 책 읽기에 회의감을 느꼈다. 문제점을 찾으려고 내가 읽었던 책들을 살펴보았다. 그동안 나는 왜 이런 분야의 책을 읽었는지, 또 무엇을 배웠는지 스스로에게 되묻고 또 분석했다. 그러자 내가 주로 자기 계발이나 에세이, 소설, 시 등의 분야에 흥미를 두었다는 것. 할 수 있다는 자신감을 책을 통해서 찾고자 했다는 것이 드러났다. 그럼에도 불구하고 내가 원하는 목표를 아직까지도 달성하지 못한 이유는 무엇일까? 그렇게 읽고 읽고 읽다가 마침내 찾은 해답은 바로 "행동하라."였다.

모든 책이나 이론은 결국 '행동'과 결부된다. 책상에 앉아 머릿속에 글귀만 집어넣어 봤자 아무것도 달라지지 않는다. 우리가 책을 읽는 것은 간접 경험을 얻고 먼저 성공한 사람들의 비법을 배워 실천함으로써 내 것으로 만들기 위해서다. 내가 여행 에세이를 읽으며 여행에 대한 꿈만 꾼다면, 방 안에서 아무것도 하지 않는다면 그것은 그저 찰나의 좋은 꿈으로만 끝난다. 결국 이상이 높으면 그만큼의 행동과 노력을 해야 하는 것이다.

자가 분석을 통해 나는 깨달음을 얻었다. "책은 우리 내면의 얼어붙은 바다를 깨는 도끼여야 한다."라는 프란츠 카프카의 말처럼 책만 들여다보지 않고 행동하는 1인 기업가가 되기로 결심했다. 그렇게 나는 월 1,000만 원의 수익을 창출하겠다는 목표를 잡았다.

나는 1인 기업가가 되어 월 1,000만 원 이상의 수입을 달성할 것이다. 그런데 왜 작가도, 코치도, 강연가도 아닌 '1인 기업가'로서 월 1,000만 원을 달성하겠다고 한 것일까? 사실 여기엔 내 직업을 딱 한 가지로 규정하고 싶지 않다는 역설의 의미가 담겨 있다.

아직까지도 7080 부모님 세대는 자식들이 편하게 일할 수 있는 공무원이나 화이트칼라나 평생 잘리지 않을 수 있는 전문기술자가 되길 바란다. 하지만 세상은 빠른 속도로 변하고 있다.

그 예로 세계 경제포럼 회장 클라우스 슈밥(Klaus Schwab)은 2016년 다보스포럼에서 특이점의 시대가 도래했음을 알렸다. 빌 게이츠가 뛰어난 미래 예측 전문가라고 평가한 인공지능 전문가 겸 미래학자 레이 커즈와일(Ray Kurzweil)도 마찬가지다.

그들은 현재의 직업이 사라지고 무수한 직업이 새로 생겨날 것이라고 추측한다. 뉴스도 제4차 산업 혁명을 예고하고 있다. 일말의 의심도 없이 인공지능과 스마트 IT 기술이 인간의 삶을 지배한다고 보고 있다. 나는 이렇게 거대한 혁명의 물결 속에서 안정적인 삶과 주어진 일을 규칙적으로 해내는 것은 무의미하다고 판단했다. 차라리 '나'라는 존재를 하나의 기업으로 세우자. 내가 가진 다양한 재능을 다채롭게 뽐내는 의미의 1인 기업가로서 월 1,000만 원의 수익을 창출하자. 그렇게 다짐한 것이다.

나는 태어나서 단 한 번도 미술학원을 다니지 않았다. 하지만 남들보다 그림을 꽤 잘 그린다. 그래서 어딜 가든 한 번만 자신을 그려 봐 달라는 소리를 들었다. 책 읽는 것을 좋아해 글짓기로 상도 많이 타 봤다. 소설을 연재하며 얼마 안 되는 돈을 벌어 보기도 했다. 일본어를 좋아해 독학으로 공부하기도 했다. 그 결과 JLPT 2급을 취득해 일본인과 자유롭게 대화할 수 있게 되었다. 새로운 환경과 경험에 대한 설렘으로 호주 워킹홀리데이도 다녀왔다. 대학을 통해 혹은 개인적인 도전으로 대만, 필리핀 등의 나라를 여행하며 수많은 사람들을 만나기도 했다.

그러나 부모님은 얕은 재주가 많으면 한 우물을 깊게 파지 못한다고 하셨다. 나의 여러 가지 가능성 중에서 하나만 택하라는 뜻이었다. 그보다 실은 인문학이고 글쓰기고 간에 현실에 맞춰 기술을 배우기를 바라신다. 물론 나도 내 처지를 모르는 척 부모님 앞에서 꿈 타령만 해서는 안 된다고 생각한다. 하지만 나는 나를 다재다능한 사람이라고 믿는다.

비록 지금은 내 꿈과 관련 없는 아르바이트를 하며 생계를 잇고 있다. 하지만 여기서 내 인생이 끝난다고 생각하지 않는다. 나는 나를 믿는다. 나는 내가 가진 가능성을 연결시키고 상부상조할 수 있는 커다란 체인을 만들어 나라는 기업을 이끌어 갈 것이다.

> **"손이 타 버릴 듯 뜨거울지라도 담고 싶은 태양이 있다면 죽어도 놓지 말 것."**

이 명언을 볼 때마다 우주 속 먼지보다도 작은 '나'라도 태양같이 거대한 물체를 손에 담으려고 시도할 수 있다는 데 경외심을 갖는다. 이 지구에 태어나 한 번 살다 갈 인생. 목숨을 걸어서라도 죽기 전에 꼭 해 보고 싶은 꿈을 달성해 보는 건 어떨까?

가족들 앞에서
강연하기

스피치 강사, 취업 및 진로 컨설턴트, 동기부여 작가

육군 정훈장교로서의 경험을 토대로 다양한 분야의 강사로 활동하고 있다. 경기도일자리재단, 의정부영상미디어센터, 한국교육컨설팅개발원, 경기 꿈의 대학에서 강사 양성과정, 스피치, 취업 및 진로 설계, 방송 스킬 등의 과정을 진행하고 있다. 또한 장병들의 진로 설계 및 취업 역량 개발을 위한 강의 및 상담을 진행하고 있다. 저서로는 《4인4색 휴먼스토리》가 있다.

사람이 생각보다 단순한 동물임을 증명해 주는 단어가 있다면 바로 '인정'이 아닐까 싶다. 그 어떤 힘든 일을 하면서도 '인정'이라는 단어 하나에 모든 피로가 눈 녹듯 사라지기도 하기 때문이다.

내게 '인정'의 주체는 가족이었다. 내 가족은 맹목적으로 내 편이다. 단 한 사람, 내 아버지를 제외하고는. 아버지는 굉장히 현실적인 사람이다. 그 현실 감각으로 자수성가해 지금의 눈부신 성과를 이뤄 낸 점은 가히 존경할 만하다. 그래서였을까. 힘든 세월을 겪어서인지, 힘든 시기를 물려주기 싫어서인지 아버지는 딸들에게는 굉장히 엄했다.

아버지에게 제대로 된 칭찬을 받아 본 기억이 없다. 재미로 하는 게임에서조차 져 준 적이 없는 아버지였다. 그런 아버지에게 단한 번만이라도 인정받아 보고 싶다는 생각에 나는 모든 일에 기를쓰고 덤볐다.

그런 와중에 중학교 3학년 때 체육 점수 100점을 받는 쾌거를 이루었다. 난 기쁜 마음에 아버지께 달려갔다. 99점도 아니고, 100점이면 반드시 인정해 주실 것이라는 확신 때문에 심장이 터질 듯이 두근거렸다. 하지만 이날 내가 들은 말은 "너네 반엔 체육 잘하는 애가그렇게도 없냐?"였다. 기대가 컸던 만큼, 실망도 컸다. 하지만 내 오기는 더 커져만 갔다.

커지는 오기에 비해 성과는 없었다. 아버지의 기대에 부응하는성적을 내지도 못했고, 좋은 대학에 가지도 못했다. 그렇게 위축되는 자존감을 간신히 부여잡고 나는 자랑스러운 딸이 되고자 더 악바리처럼 노력했다.

'여군'이라는 꿈을 갖게 된 것도 아버지에게 인정받고 싶다는 생각이 커서였다. 세상에서 가장 강한 직업, 멋진 꿈이라고 생각했다.아버지에게 인정받고자 하는 마음이 절실했다. 꿈을 향한 나의 노력은 눈물겨웠다. 덕분에 여군사관 시험에 합격했고, 훈련까지 받는 영광을 안았다.

나는 아버지께서 군인이 된 내 모습을 보고 칭찬 한마디 해 주시지 않을까 내심 기대했다. 그렇게 설레는 마음으로 군에서의 첫 면회시간을 맞았다. 하지만 면회장이 정신없던 터라 면회시간은 순식간에 지나갔다. 나의 좌절은 점차 커졌다. 임관일이 다가올수록 군사훈련의 강도는 걷잡을 수 없이 세져만 갔다. 흘러가는 시간에만 의존한 채 버티는 나날이 계속되었다.

힘든 훈련 속의 어느 날, 아버지와 통화했다. 오랜만에 듣는 부모님의 목소리였는데도 나는 내 삶에 지쳐 눈물조차 나지 않았다. 그저 집에는 별일 없냐고 물었다. 그러면서 나는 괜찮다는 말만 연신 반복했다. 가짜웃음만을 내비치면서. 그런 나의 가벼운 웃음 속으로 아버지의 묵직한 목소리가 아프게 파고들었다.

"우리 딸, 많이 힘들지? 네가 내 딸인 게 무척이나 자랑스럽구나. 내 딸로 태어나 줘서 고맙다. 네가 군인이어도, 군인이 아니어도 넌 자랑스러운 내 딸이다. 사랑한다. 내 딸."

이때 알았다. 아버지는 내가 태어난 그 순간부터 나를 인정하셨다는 사실을. 아버지는 내게 다양한 방식으로 그것을 표현하셨다. "너를 인정한다, 잘한다."라는 식의 직접적인 표현은 아니었지만. 아버지로서 나름 최선을 다해 인정해 주셨던 것이다. 학창 시절 체육 시험을 보기 전날이면 항상 함께 뛰며 더 높은 가능성을 끌어내 주셨다. 여군사관 실기시험 후에는 말없이 꼭 안아 주셨다. 아버지의 인정과 칭찬에 목말라 있던 철부지 소녀는 그동안 느끼지 못했던 행복감을 느꼈다.

그날 이후 아버지의 모든 말에서 칭찬과 인정, 사랑을 느낄 수 있었다. 기를 쓰고 덤비지 않아도 아버지의 어색한 표현들이 친근하게 다가왔다. 전역을 고민하는 나에게 아버지는 현실적인 조언을 아끼지 않으셨다. 회사를 그만두고 프리랜서 강사로 새 인생을 개척해 나갈 때도 아버지는 여전히 아버지만의 방식으로 나에 대한 믿음을 과시했다.

아버지의 표현은 때로는 '침묵'이었다. 때로는 '투정'이었다. 스피치 강사를 하는 딸에게 그 어떤 질문도 하지 않던 아버지가 처음으로 딸이 사회 보는 것을 보셨다. 결혼식 2부라 굉장히 짧은 진행이었다. 행사가 끝난 후, 어땠냐고 묻는 딸에게 아버지는 심드렁한 목소리로 불만을 토로했다. "너무 짧다. 더 길었으면 좋았을 텐데."

지금도 우리 시대 아버지들은 당신의 위치에서 자식들을 향한 마음을 최선을 다해 표현한다. 다만 말하는 방식, 소통의 방법, 삶의 태도 등의 차이로 서로의 마음을 알기까지 시간이 걸릴 뿐이다. 무엇이 문제인지 서로 모른 상태로 소통의 오해와 그리워하는 마음만 키우며 살아가는 가족들이 많다. 불과 몇 년 전의 나처럼 말이다.

죽기 전에 나는 나의 가족들이 초대된 자리에서 강연을 해 보고 싶다. 맹목적인 지지와 인정을 표현하는 방법이 얼마나 다양한지, 자식들이 부모의 희생을 어떻게 이해하고 얼마나 감사해하는지, 그리고 가족 구성원들이 서로를 얼마나 사랑하고 있는지에 대해서 말이다. 나의 강연은 열심히 살아온 부모 세대에게는 자식 세대에게 존경받는 시간이, 열심히 살아갈 자식 세대에게는 부모 세대에게 인정을 받는 시간이 될 것이다.

나는 강연을 통해 세대 간의 격차를 줄이고, 오해를 풀어 줄 것이다. 강연은 감동과 행복 속에서 마무리될 것이다. 그리고 나의 부모는 보게 될 것이다. 이런 강의를 하는 강사가 당신들의 딸임을 말이다.

이 시대의 모든 가족들이 오해 없이 행복하기만을 바란다. 죽기 전 가족들 앞에서 이런 영광스런 강연을 할 기회가 반드시 있길 소망해 본다.

경제적 자유를
누리는 삶 살기

중학교 국어 교사, 하브루타 2급 교육사

28년 차 중학교 국어 교사로 재직 중이다. 독서로 삶이 변한 경험으로 독서법을 관심 있게 연구하고 있고, 학생들에게도 독서를 강조하고 있다. 저서로는 《보물지도 16》이 있고, 곧 '엄마를 위한 부자 독서법'을 주제로 한 개인저서가 출간될 예정이다.

'버킷리스트'로 유명한 존 고다드는 15세에 127가지의 버킷리스트를 써서 다 이루었다. 죽기 전까지 500가지 이상의 버킷리스트를 이루기도 한 그는 오늘날 수많은 사람들의 삶의 표본이 되었다.

나에게도 꿈이 있었다. 존 고다드에 대해 알게 된 후 꿈을 적어 놓기도 했었다. 수십 가지 꿈을 적으면서 '이것들이 이루어지면 얼마나 좋을까?' 하며 흐뭇해했었다.

하지만 꿈은 꿈이었다. 과연 이루어진 것들이 있기나 한가? 삶에 찌들어 꿈의 존재에 대해 까맣게 잊고 지냈다. 그리고 그 꿈을 이룰 만한 방법을 찾지도 못했다. 공무원으로서 크고 원대한 꿈들을 이루는 것은 애초에 불가능한 일이었다.

하지만 이제 다시 꿈을 꾼다. 꿈을 이룰 도구를 만났기 때문이다. 책을 써서 베스트셀러 작가가 된다면 내가 꿈꾸는 모든 것이 가능해진다. 깨는 꿈이 아니라 이루는 꿈을 꿀 수 있다.

나의 꿈은 나와 가족들의 경제적 자유다. 나는 먼저 빚을 갚고 싶다. 빚은 사람을 옭아매는 굴레다. 이 멍에를 확 벗어 버리고 자유를 얻고 싶다. 명예퇴직도 하고 싶다. 쉰 살이 넘어 학교에서 버티기는 참 어렵다. 가르치는 것이 즐겁기는 하다. 하지만 자존감이 바닥으로 떨어지는 상황이 꽤 있다. 그런 만큼 명예퇴직을 하고 시간과 경제의 자유인이 되기를 소망한다. 퇴직 후에는 저자 강연이나 책 쓰기 코칭을 하면서 때때로 세계 일주를 할 것이다.

가족들의 경제적 자유도 간절한 꿈이다. 특히 아버지에게 자유를 드리고 싶다. 아버지 연세는 78세다. 아직도 그 힘든 농사일, 그중 가장 어렵다는 담배 농사를 지으신다. 거의 혼자서. 이모작으로 콩, 배추, 무 농사도 하신다. 겨울철에는 메주 쑤는 일도 하신다. 허리와 다리가 아프셔서 밤에는 많이 앓으신다. 워낙 의지가 강하셔서 버텨 내시는 것이다. 아버지를 생각하면 가슴 한편이 아리다.

아버지는 초등학교 6학년 때 아버지를 잃으셨다. 술과 담배, 노름에 찌들어 병을 앓으시던 할아버지가 그만 돌아가신 것이다. 열네 살에 갑자기 홀어머니와 3명의 동생들을 책임지셔야 했던 아버지는 할 수 없이 중퇴를 해야 했다. 홀어머니가 힘든 농사일을 하시는 것을 보고 학교만 다닐 수가 없으셨기 때문이었다.

아버지는 그때부터 실질적인 가장이셨다. 홀어머니를 생각하시며 모든 짐을 짊어지셨다. 술, 담배도 안 하셨다. 술과 담배 때문에 아버지가 돌아가셨다고 생각했기 때문이다. 삼촌과 고모들에게는 아버지 역할을 다하셨다. 고모들은 세상에서 오빠가 가장 무서웠다고 지금도 말씀하신다.

아버지는 26세에 결혼하셨다. 우리 엄마는 18세. 이듬해부터 딸 셋, 아들, 또 딸이 태어나 5남매의 아버지가 되셨다. 아버지의 어깨는 더 무거워지셨다. 엄마와 아버지는 할머니와 함께 소처럼 일하셨다. 담배, 고추 등 다양한 농사를 지으셨다. 초등학교 시절 우리 5남매도 고추와 담배를 심으며 농사일을 도왔다. 어린이날은 딱 고추 심기 좋은 시기였다. 나는 어린이날에 놀러 가거나 선물을 받은 기억이 없다.

내가 다섯 살 때 할머니가 무릎 수술을 하신 적이 있다. 당시 53세였던 할머니는 무릎이 아프시면 오이씨 같은 하얀 약을 드셨다. 무릎이 심하게 아프다가도 약을 드시면 씻은 듯이 나으셨다. 나중에 보니 그건 단순 진통제였다. 무릎 관절염 치료시기를 놓쳐 버린 것이다. 할머니는 할 수 없이 원주 기독교 병원에서 수술을 하셨다. 우리 집은 이미 나와 동생들 4명이 태어난 상황이었다. 아버지는 병원비를 마련하느라 밭과 집을 파셨다. 우리 집은 동네 사람들의 도움을 받아 급하게 마구 지은 집으로 이사했다. 그때 나와 동생들은 왜 이사하는지도 모르고 새집인지라 좋아라 했었다.

할머니는 수술 후 급하게 퇴원하셨다. 입원비가 없었기 때문이다. 수술 후에는 무릎을 억지로 구부리고 재활 운동을 하셔야 했는데 너무 아프셔서 포기하셨다. 그때부터 오른쪽 다리를 구부리지 못하는 장애 상태로 47년을 사셨다. 올해 4월, 할머니는 요양원에서 9년을 보내시다 향년 100세로 돌아가셨다. 아버지는 울지 않으셨다. 힘들게 사신 할머니가 100세라는 너무 늦은 연세까지 고생하셨기 때문이다. 차라리 가시는 것이 할머니께는 편하실 거라고 하셨다.

하나뿐인 남동생은 베트남 사람과 결혼했다. 두꺼비 같은 쌍둥이를 낳고 잘 사는 듯했다. 그러나 올케는 조카들이 여섯 살 때 베트남으로 떠났다. 이국땅에서 대가족을 수발하며 얼마나 힘들었을까. 난 같은 여자로서 올케의 결정을 존중한다. 남동생은 몸이 워낙 허약한 데다 술, 담배에 빠져 살았다. 술에 취하면 술집에서 카드를 있는 대로 긁었다. 빚은 기하급수로 늘어 몇천만 원이 되었다. 한 번은 나와 아버지가 처리해 주었다. 하지만 남동생은 그 후로도 정신을 차리지 못했다. 빚은 다시 늘었고, 당뇨 수치가 올라도 술, 담배를 끊지 못했다.

우리 엄마는 6년 전에 돌아가셨다. 64세라는 청춘의 연세였다.

위암 발병 1년 6개월 만이었다. 엄마는 몸이 워낙 약하셨다. 18세 꽃다운 나이에 결혼하신 후 고생을 많이 하셨기 때문일 게다. 홀시어머니와 시동생 3명을 돌보셨고, 자녀 5명을 키우셨다. 어렸을 적 엄마는 항상 우리에게 허리를 밟아 달라고 하셨다. 치아, 위장, 허리, 다리 등 안 아픈 곳이 없으셨다. 엄마는 집안의 모든 우환을 온몸으로 받으셨다. 그 스트레스가 엄마의 몸속에 병을 만들었을 것이다. 게다가 외할아버지와 외삼촌이 암을 앓으셨던 가계 병력도 있으니.

아버지는 엄마가 떠난 후 또 아들과 쌍둥이 손자들의 가장이 되셨다. 아버지 친구들은 다들 노인정에서 노후를 즐기고 있는 상황이었다. 몸이 쇠약해지셨어도 평생 해 오신 일이 농사인지라 손을 놓을 수가 없었다. 아들의 당뇨 치료비가 급했고, 손자들 교육비도 담당하셔야 했다. 또한 요양원에 계신 할머니도 돌보셔야 했다.

3년 전, 난 친정으로 돌아왔다. 친정 식구들을 응급 구조해야 했다. 엄마가 돌아가신 후 몰락해 가는 친정 식구들을 차마 그냥 두고 볼 수가 없었다. 남동생은 당뇨와 장염으로 거의 누워 지냈다. 쌍둥이들은 라면을 끓여 먹다 다치곤 했다. 온몸이 아토피투성이였다. 청정지역에서 아토피라니. 집 안은 사람 사는 꼴이 아니었다. 무엇보다 먹는 것이 가장 시급했다. 당뇨는 식이요법이 가장 중요하다. 남동생은 술, 담배를 끊고 치료를 계속하면서 건강이 많이 회복

되었다. 조카들의 아토피도 하루하루 사라지는 것이 눈에 보였다.

이제 아버지와 동생들, 조카들에게 경제적 자유를 선물하고 싶다. 아버지께 멋들어진 전원주택을 지어 드리고 싶다. 돌아가시기 전에 좋은 집에서 한번 사시게 해 드리고 싶다. 아버지는 여행을 좋아하신다. 운전 솜씨는 가히 카레이서급이시고. 때마다, 철마다 여행을 다니시도록 멋진 SUV를 사 드리고 싶다.

남동생에게는 건강과 경제적 자유를 선물하고 싶다. 전담 헬스케어를 받도록 해 주고 싶다. 그렇게 식이요법과 운동요법으로 당뇨 탈출 기회를 주고 싶다. 일도 하도록 돕고 싶다. 신용불량에서 벗어나기 위해 자신의 채무를 스스로 해결하도록 돕고 싶다.

조카들에게는 꿈을 선물할 것이다. 아이들은 날마다 꿈이 바뀐다. 어떤 꿈을 꾸든, 무엇을 하고 싶어 하든, 이룰 수 있도록 돕고 싶다. 나는 악마고모로 불린다. 생활습관에 대한 잔소리를 많이 하기 때문이다. 악마고모를 천사고모라고 부르는 날이 올 것이라 믿는다.

다행스럽게도 우리 딸들은 자립적이다. 아직까지는 스스로 잘 해 나가고 있다. 엄마가 기댈 대상이 못 되어 스스로 강해지는 듯하다. 고맙다, 딸들아.

이 모든 꿈이 이루어지면 우리 가족은 크루즈 여행을 떠날 것이다.

내 직업 관련
책 쓰기

보건 교사, 청소년 멘토, 자기계발 작가, 동기부여가

중학교 보건 교사로 재직 중이다. 청소년을 위한 커뮤니케이션 공간 운영이라는 가슴 설레는 꿈을 그리며 청소년들의 멘토로
상담활동을 하고 있다. 현재 '자존감을 높이는 습관'을 주제로 개인저서를 집필 중이다.

보건실은 학교에서 인기 있는 곳 중의 하나다. 또한 학생들이
쉽게 다가올 수 있는 장소이기도 하다. 이유는 간단하다. 아프다고
만 하면 수업시간에도 정당하게 올 수 있는 곳이기 때문이다. 또한
아프다는 이유 하나로 치료는 물론 따뜻한 위로와 관심을 받을 수
있는 장소이기 때문이다.

보건 교사를 시작하던 초창기엔 충치 등 신체적인 질병 호소가
대부분이었다. 하지만 요즘에는 마음이 아픈 친구가 많다. 과호흡
증, 틱, 불면증, 우울증, 공황장애, 자해 등. 전에는 볼 수 없었던 증
상들이다. 학생들이 받는 스트레스가 그만큼 많아졌다는 뜻일 게
다. 예전이나 지금이나 변함없는 환자는 꾀병 환자다. 나는 올해로

보건 교사 26년 차다. 문을 열고 들어오는 모습만 봐도 어디가 아픈지 짐작이 간다. 말하는 것만 들어 봐도 꾀병인지 진짜 아픈지 바로 알아챈다. 눈치가 백 단이다.

그렇지만 아무리 눈치가 백 단이어도 보건실을 방문하는 학생들은 하나하나 잘 살펴봐야 한다. 꾀병 환자 사이에 진짜 환자가 숨어 있을 수 있기 때문이다.

보건실에는 정말 많은 학생들이 온다. 몸이 아파서 오는 친구부터 마음이 아파서 오는 친구, 모둠 활동에 끼는 게 불편해서 수업시간에 오는 친구, 그냥 심심해서 와 보는 친구, 선생님께 혼나고 씩씩거리며 오는 친구, 휴지를 얻으러 오는 친구, 혈당을 체크하러 오는 친구, 울어서 부은 눈이 창피해 교실에 못 들어가는 친구, 성 관련 상담차 오는 친구, 담배를 끊고 싶으니 도와 달라고 오는 친구, 손목 자해 상처를 가려 달라고 오는 친구까지. 오는 이유도 다양하다.

그냥 와 보는 친구도 말을 시켜 보고 대화하다 보면 그냥 오는 게 아니다. 다 이유가 있다. 두통으로 오는 친구도 마찬가지다. 내 말을 들어 줄 사람이 필요한 것이다. 그러면서도 쉽게 말을 꺼내지 못한다.

단순한 치료를 위해서 오는 학생들은 그때그때의 처치로 끝난다. 하지만 마음이 아픈 학생들은 그렇지 못하다. 작년에 있었던 일이다. 쉬는 시간만 되면 보건실을 들락날락하던 한 친구가 보건실에서 자신과 비슷한 친구를 만났다. 그들은 어느새 친해져서 시끄럽게 떠들어 대었다. 그렇게 모인 친구들이 5명. 학년·반·성별을 초월한 모임이다. 내가 하는 일은 쉬는 시간에 보건실을 점령하고 떠드는 그들을 조금 참아 주는 것과 가끔 자장면 한 그릇을 시켜 주는 것. 그거면 땡이다. 그중 4명이 엊그제 졸업했다. 내가 더 서운하다. 혼자 남은 2학년 학생도 걱정이다.

한 학교에 3년 이상 있으면 1학년 입학생이 졸업하는 모습까지 보게 된다. 밝게 잘 성장하는 모습을 바라보는 것은 참 기쁜 일이다. 그러나 성장의 고통을 꼭 겪어야 하는지, 잘 생활하던 학생이 중2쯤 되어 사춘기가 찾아오면 눈빛부터 달라진다. 공격적이고 짜증이 섞인 말투로 바뀐다. 어느 정도 가다가 다시 돌아와야 하는데 걱정이다. 그래서 사춘기가 오기 전에 미리 말해 준다. "사춘기는 왜 오는지, 어떤 증상이 시작되니 너에게 사춘기가 오면 바로 알아차려야 한다"라고 강조한다. 모르고 겪는 사춘기와 미리 알고 겪는 사춘기는 좀 다를 것이기 때문이다.

생각보다 학교에서는 자잘한 성 관련 사건이 많이 일어난다. 학생들은 자신도 모르는 사이에 가해자가 되기도 하고 피해자가 되기도 한다. 성 관련 문제로 보건실에서 만나게 되는 친구들이 있다. 그들과 얘기를 나누다 보면 가해자, 피해자를 가리기 전에 모두 피해자라는 생각이 먼저 든다. 적절한 상담과 지속적인 관심이 필요한 학생들이다. 성 정체성의 혼란을 보이는 친구들도 있다.

보건실 방문 환자의 대부분은 가벼운 중재나 대화로 해결될 문제를 안고 온다. 하지만 지속적인 관심과 상담이 필요한 경우도 있다. 그러나 좀 더 들어가 보면 결국 가정의 문제인 경우가 많다. 어른인 나는 특히 가족 문제로 힘들어하는 학생을 보는 것이 마음 아프다. 딱히 도와줄 방법이 없다. 삐뚤어지지 않고 잘 자라 주기만 바랄 뿐이다. 또한 이렇게 아픈 학생들은 자기 말을 잘 안 하고 감추려고만 한다. 그러니 자신만 그런 줄 안다. 하지만 실제로는 비슷한 형편의 아이들은 의외로 많다.

그동안 보건실에서 만났던 학생들의 이야기들을 하나하나 책에 담아 그 친구들에게 돌려주고 싶다. 그래서 너만 아픈 게 아니라는 걸 알게 해 주고 싶다. 혼자만 그런 게 아니라는 걸 알면 조금이라도 위로가 되지 않을까 하는 마음이다. 성에 대한 호기심으로 꽉 찬 학생들에게 수업시간에 못다 한 이야기도 들려주고 싶다. 보건실을 찾아오는 학생들에게 위로와 도움이 되는 책을 쓰는 것. 이것이 나의 버킷리스트다.

보건실 이야기를 책으로 쓰는 것은 나 개인에게는 교직생활에서의 큰 성취다. 그러나 내가 이 책을 쓰고자 하는 더 큰 이유는 바로 '나에 대한 위로' 때문이다. 내가 특별히 보건실에 찾아오는 아이들의 이야기에 귀를 기울이는 것은 그 친구들 속에서 어렸을 적 나를 보기 때문이다. 지금의 중학생들과 나는 40여 년의 세월의 차이가 있다. 하지만 내가 보건실에서 만나는 친구들의 이야기는 40년 전 나와 닮은 점이 많다. 현대판 가난은 여전히 존재하고, 돌보아 줄 가족은 없거나 있어도 제 역할을 못한다. 가난하다고 해서, 돌보아 줄 가족이 부실하다고 해서 성장이 멈추는 것은 아니다. 흔히 "상처없이 크는 나무는 없다.", "상처는 더 성장시키게 해 주는 자양분이 된다."라고 한다. 하지만 나는 그 상처에 임시 대일밴드라도 붙여 주고 싶다. 기죽지 말고 당당하게 살라고 말해 주고 싶다.

진짜 사랑과 행복 누리기

(주)비씨디플랫폼 인사과장, 탁월성 개발 전문가, 자기계발 작가, 동기부여가

사내 탁월성 개발 전문가로 (주)비씨디플랫폼 IT회사 경영지원팀 인사과장으로 재직 중이다. 작가라는 가슴 설레는 꿈을 그리며 청년들의 멘토로서 상담활동을 하고 있다.

나는 강남역 소재의 어플 개발 IT회사의 인사과장으로 재직 중이다. 그러나 나는 '내가 정말 원하는 것이 무엇일까?' 하는 생각을 자주 하게 된다.

PM 6:52, 퇴근 후에 커피빈에 들어가 앉았다.

1월은 전년도 결산과 전년도의 각종 연말정산 문서들을 마감하고 새로 만드느라 바쁜 시기다. 나도 예외는 아니었다.

추운 날씨인지라 아침에 두꺼운 기모스타킹을 신고 나왔다. 그런데 엄지발가락 쪽에 구멍이 뚫려 있었다. 그것이 거슬려 비상물품으로 챙겨 둔 실과 바늘로 자리에 앉은 채 허리를 구부려 스타킹을 꿰맸다.

죽기 전에 꼭 하고 싶은 것들이라. 글쎄 나의 삶에도 그런 것들이 아직 남아 있는 것일까 싶다.

지금으로부터 9년 전인 2010년 10월에 나는 이혼이란 것을 했다. 배우자의 외도는 만 두 살이 안 된 사내아이를 양육하던 시점에서 큰 충격으로 다가왔다. 큰 어려움 없이 살아오던 나에게 그것은 어려운 일이었다. 이해할 수 없는 일이었다. 그것은 내 삶에 지속적으로 영향을 미치고 있었다. '지옥 같은 생활을 끊어 냈다', '지금 나는 잘 살고 있다'라고 스스로를 위로할 때도 마음 한편은 편치 않았다. 찜찜한 느낌이 있었다.

세상에는 잘나가는 사람들이 수두룩했다. 그렇게 조금의 흠도 없는 사람들 속에서 나는 괜찮노라고, 나쁘지 않노라고 최대한 말하고 싶은 마음뿐이었다. 그럴수록 마음의 힘듦이 컸었던 것일까.

허리를 구부려 스타킹을 꿰매는 그 순간. 책상 아래 놓인 자그마한 전기난로의 따뜻함이 느껴졌다. 눈을 감고 안과치료를 받듯이 온기를 가만히 얼굴로 느꼈다. 따뜻했다.

순간 머릿속으로 한 장면이 펼쳐졌다. 그 장면 속에서 나의 아들은 두 살 남짓 되는 어린아이의 모습이었다. 씻기지도 않았는지 꾀죄죄한 모습이었다. 나는 마음이 아팠다.

그러한 감정이 읽힐까 봐 서둘러 말을 돌리면서 나는 아이에게 말했다.

"재윤아, 이리 와. 엄마가 씻겨 줄게."

땟국물이 하수구에 씻겨 내려가는 것이 보였다. 다 씻고 난 아이는 마치 천사같이 말끔하고 포동포동 살이 오른 귀여운 모습이었다. 맞지도 않는 옷을 입고 있던 아이의 옷을 벗기면서 나는 "재윤아, 엄마랑 밖으로 나가 보자. 옷 사러 가자."라고 했다. 그러고는 그 아이를 번쩍 들어서 품에 안았다.

그 순간, 엄청난 따뜻함과 항상 뚫려 있던 가슴의 공허함을 채워 주는 무엇인가 느껴졌다. 나는 화들짝 놀라서 눈을 떴다. 순간 잠이 들었던 것이었다.

방금 전에 따뜻한 감정을 경험해서였는지 나의 눈에서는 눈물이 흘렀다. 그 이유는 오랜 시간 내가 찾아 헤맨 감정들이 바로 그 안에 있었기 때문이었다. 그 아이를 들어 올려서 품에 안았던 그 순간에.

'어떻게 허리를 접고 스타킹을 꿰매다가 잠이 들 수도 있지? 아무리 피곤해도 그렇지…' 하는 생각이 들면서 잠시 헛웃음이 나왔다. 세차게 고개를 흔들면서 컴퓨터를 켰다. 그러면서 나는 속으로 생각했다. 다시 진짜 사랑과 행복을 누리고 싶다고. 아이를 직접 만나서 그 아이가 나에게 뭐라고 하든지 사랑한다고, 많이 보고 싶었노라고 정직하게 말하고 싶다.

나는 부모에게서 사랑을 받아 본 적이 없다. 하지만 내 아래로는 흘려보내고 싶은 사랑과 행복이라는 감정들. 나는 실제로 그 감정들을 느끼고 싶다.

나만의 음악 앨범 만들기

경매투자자, 경매 컨설턴트

2004년 경매에 입문한 전업 투자자로서 그동안 아파트, 빌라, 단독주택, 다가구 주택 등 주거용 건물 위주의 직접 투자와 컨설팅을 했다. 최근 2년간은 특수물건 위주로 투자하며 23개의 특수 및 일반 물건을 직접 매입해 투자활동을 해 왔다. 현재 네이버 블로그 〈브레인 소액경매연구소〉를 운영하고 있으며, 초보자를 위한 경매 관련 개인저서를 집필 중이다.

사람들에게는 모두 저마다 가슴에 품고 있는 꿈이 있을 것이다. 거창한 꿈까지는 아니더라도 한 번쯤은 해 보고 싶은 일들 말이다.

고등학교 시절 무전여행 경험을 무용담처럼 말하는 친구가 있었다. 그래서 나도 무전여행에 한번 도전해 봐야겠다고 생각했다. 그리고 친구를 설득해 여름방학에 왕복 교통비와 최소한의 비상금만 들고 무전여행에 나섰다.

내가 들은 무전여행은, 이동은 지나가는 차를 얻어 타고, 숙식은 일손을 거들어 주고 해결하는 것이었다. 그런데 우리는 결정적인 실수를 한 가지 했다. 여행을 간 곳이 시골이 아닌 도시였던 것이다. 시내 한복판에서 지나가는 차를 세워 얻어 타는 게 가능할 리 없었다. 식당에 들어가 일을 도울 테니 밥이라도 먹게 해 달라고 말할 만큼 우리는 얼굴이 두껍지 못했다.

결국 우리의 이동 수단은 튼튼한 두 다리뿐이었다. 식사는 물로 때웠다. 하루 종일 아무것도 못 먹고 걷고 또 걸었다. 그러다가 결국 비상금을 탈탈 털어 제일 싼 여인숙 같은 데서 하룻밤을 잤다. 그러고는 주린 배를 움켜쥐고 다음 날 바로 집으로 돌아왔다.

그래도 어린 시절에는 쫄쫄 굶고 고생만 하고 돌아왔더라도 무전여행에 도전하는 등 하고 싶은 게 있으면 해 보았다. 하지만 나이를 한 살, 두 살 먹으면서 결혼도 하고 혼자가 아닌 여러 관계의 일원이 되다 보니 그렇게 하는 게 쉽지 않게 되었다. 어느 순간 하고 싶은 것을 하기보다는 더 이익이 되고 더 손해가 적은 것을 하고 있는 나를 발견했다.

'버킷리스트'라는 것이 있다는 것 자체가 그만큼 많은 사람들이 하고 싶은 것을 하지 못하고 살고 있다는 반증이 아닐까? 매일매일 하고 싶은 것을 하고 산다면 굳이 리스트를 만들어야 할 만큼 못 해 본 것이 많지 않을 것이다. 하지만 인생을 하나의 긴 여행처럼 하고 싶은 것은 하고, 도전하고 싶은 것은 도전하면서 살아온 사람도 있을 것이다. 그렇게 하루하루를 즐거운 여행처럼, 조금의 여한도 없이 살아온 사람도 분명 있을 것이다. 그렇게 완전 연소된 삶을 살다 후회 없이 생을 마감할 수 있다면 그것이 진정으로 성공한 삶이 아닐까.

나는 아주 어릴 때부터 노래 부르기를 좋아했던 것 같다. 매일 한두 시간씩은 동요나 만화노래 같은 것을 부르곤 했었다. 작은 딸은 차만 타면 자기 노래(동요)를 틀어 달라고 한다. 그렇게 노래 부르기를 좋아하는 딸을 보면 어릴 때의 나의 모습도 저랬을 것 같다. 한때 가수가 되어 볼까 잠시 생각해 보기도 했다. 하지만 이내 마음을 접었다.

그래도 음악을 좋아하는 것은 여전하다. 작곡 공부도 해 봤다. 작사도 해 봤다. 기타도 연습하고, 노래 연습도 해 봤다. 유치하지만 자작곡도 만들어 보았다. 그렇게 나는 가수는 되지 못했지만 내가 직접 작사, 작곡, 편곡, 연주, 노래한 나만의 앨범을 남기고 싶다는 생각을 하게 되었다.

하지만 앨범을 만든다는 것은 무전여행처럼 하고 싶다고 당장 할 수 있는 것이 아니다. 상당한 시간을 들여 준비해야 한다. 그러나 나는 내 꿈을 생각만 했을 뿐 지금까지 준비한 게 전혀 없다. 작사부터 하나씩 해야겠다는 생각이 든다. 영화 〈버킷리스트〉처럼 죽음을 목전에 두고 하기에는 너무 시간이 많이 걸리는 일이니까….

영화 〈버킷리스트〉를 보면서 나는 저렇게 살지 말아야겠다고 생각했다. 영화 속 두 주인공이 그래도 죽기 전에 하고 싶었던 것을 하나하나 이루며 후회 없이 생을 마감한 것은 다행스럽다. 하지만 시한부 판정을 받기 전까지, 즉 대부분의 시간들에서는 오롯이 자신의 인생을 살지 못했다. 그저 주어진 상황에 맞게 치열하게 살았을 뿐이다. 진정한 자신의 모습으로 살지 못했던 것이다.

두 주인공의 버킷리스트를 보면서 버킷리스트가 바로 순수한 그 사람 자체가 아닐까 하는 생각을 해 보았다. 왜냐하면 버킷리스트는 어떤 조건도 이유도 설명도 필요 없는 것이니까. 그냥 그 사람은 그게 하고 싶을 뿐이니까.

나는 영화의 주인공처럼 인생의 막바지가 되어서야 밀린 숙제를 하듯 하고 싶은 것들을 몰아서 하지는 않을 것이다. 뭐든 때가 있는 법이다. 오죽하면 "노세, 노세 젊어서 노세."라는 노래 가사가 있겠는가?

해야 할 일을 뒤로 미루어서는 안 된다. 지금 즐겨야 할 것은 지금 즐겨야 된다. 물은 목이 마를 때 마셔야 하고, 밥은 배가 고플 때 먹어야 한다. 한 번뿐인 인생 즐기면서 살아야 한다.

하지만 인생이란 것이 즐기기만 하면서 살 수 없는 것이 현실이기도 하다. 기쁨과 즐거움만 있다면 과연 그것이 기쁨이고 즐거움인지 알 수 있을까? 이면의 슬픔과 고통을 이겨 내고 찾아온 기쁨과 즐거움이야말로 진정한 의미가 있을 것이다.

인생의 종착역이 어디인지는 모른다. 하지만 나는 창밖의 경치에만 취하지 않을 것이라 다짐해 본다. 앞만 보고 달려가지도 않을 것이라 다짐해 본다.

나는 실현 가능한 이상적인 삶을 이렇게 정의하고 싶다.

'이상적인 삶은 해야 할 일과 하고 싶은 일을 조화롭게 그리고 적절한 때에 하는 것이다.'

죽기 전에 하고 싶은 버킷리스트 다 실천하기

초등학교 교사, 청소년 멘토, 동기부여가
교육학 석사 학위를 취득해 현재 초등 국어교육 전공으로 전남초등국어교육연구학회 회원으로 활동 중이다. 동화작가와 시인을 꿈꾸며 아이들의 멘토로서 상담활동도 하고 있다.

나에게는 두 딸이 있다. 모두 기숙중학교를 다닌다. 큰딸 민주는 이번에 졸업했다. 큰딸의 친구 아버지가 3년간 기숙사에 떨어져 있는 딸(정서)에게 보낸 편지를 모아 책으로 엮었다. 딸에 대한 그리움, 가족에 대한 사랑, 학교에 대한 관심 등 소소한 일상이 따뜻하게 그려져 있다. "정말 잘 썼네. 앞으로도 꾸준하게 시작(詩作) 활동하면서 좋은 책을 쓰길 바라네."라고 정서 아빠와 통화도 했다. 그러면서 '나도 책을 쓸 수 있을까?' 하는 기대감을 가졌지만 멀게만 느껴졌었다.

어느 날 작은딸이 읽고 싶은 책이 있다고 해서 공공도서관에 들렀다. 그런데《내 인생을 바꾼 책 쓰기의 힘》이란 책 제목이 눈에 들어왔다. 책 속에서는 책 쓰기가 자신의 삶에 얼마나 많은 변화를 가져오게 했는지 여러 작가들의 에세이가 실려 있었다. 그 책을 통해 나는 〈한책협〉을 알게 되었고 회원가입을 했다.

죽기 전에 꼭 하고 싶은 일을 떠올려 봤다. 지금까지 말로만 한다고 하고 직접 실행하지 못한 것이 있다. 바로 책을 쓰는 것이었다. 초등학교에 근무하는 교사인 만큼 동화책을 써 보고 싶었다. 나는 권정생 작가의 책을 찾아서 읽곤 했었다. 아이들에게 책을 읽어 주는 것을 좋아해서 옛날이야기를 각색해 들려주기도 했다. 그런 만큼 나는 책을 치열하게 읽고 꾸준히 글쓰기를 했어야 했는데 그러지 못했다.

한 권의 책을 완성하려면 성실한 연습의 과정이 반복되어야 한다. 바쁘더라도 시간을 쪼개서 규칙적으로 썼어야 하는데…. 바쁜 일상을 우선하다 보니 20년이 훌쩍 지나 버렸다. 책을 써야 한다는 간절함이 부족했던 것 같다. 교대에 다닐 때는 시도 썼었는데…. 무뎌진 감성도 복원해야겠다.

"늦은 것이 결코 늦은 것이 아니다."라는 말이 있다. 나는 죽기 전에 내 이름으로 된 책을 5권 이상 쓰는 작가가 될 것이다.

지난해 11월에 《가방 들어주는 아이》의 고정욱 작가가 우리 학교에 왔을 때였다. 작가는 아이들에게 당신의 꿈을 밝혔다. "나는 노벨문학상을 받으러 스웨덴에 갈 겁니다. 누구 따라올 사람 없나요? 여러분들도 자신의 꿈을 떠올려 보세요."

죽기 전에 꼭 가고 싶은 곳을 떠올려 보기 전에 딸들에게 먼저 물어보았다.

"민주야, 민교야! 우리 가족이 함께 해외로 여행을 간다면 어디를 가고 싶은지, 얼마나 머무르고 싶은지 말해 줄래?"

아이들은 미국에 한 달 정도 있었으면 좋겠다고 말했다. 나는 왜 미국인지를 물어보았다. 아이들은 "왠지 꼭 가 봐야만 될 것 같아. 안 가면 후회할 것 같아."라고 했다.

가족 모두가 미국을 한 달 정도 여행한다고 생각하니 가히 상상이 되지 않았다. 세계 1등 국가, 민주주의의 산실, 한·미 및 북·미 관계 등 우리나라와는 떼려야 뗄 수 없는 우방국가인 미국. 그곳을 함께 여행하는 날이 언제일까?

문득 우리 가족이 처음으로 유럽여행을 다녀왔던 2년 전의 기억이 떠올랐다. 이탈리아, 영국, 프랑스, 스위스를 9박 10일 패키지여행으로 갔었다. 좋은 추억을 간직했지만 방문한 나라들에 대한 사전 공부를 하지 않고 간 점은 아쉬움으로 남는다.

미국 가족여행을 하게 된다면 패키지 투어가 아닌 자유여행을 하고 싶다. 방문 도시에 대한 충분한 지식은 물론, 한 달 일정의 코스와 숙박 일정도 꼼꼼하게 챙길 수 있는 역량도 키워 가야 할 것이다. 지난 12월에 미국 드라마로 영어공부를 시작했다가 10일 정도 하고 멈추어 버렸다. 그런 만큼 다시 미국 드라마와 친숙해져야 겠다. 영어로 미국인과 일상의 대화를 나눌 수 있도록 말이다.

죽기 전에 꼭 해 보고 싶은 것은 아내에게 기타로 10곡을 연주해 주는 것이다. 현재 내 기타 실력은 초보 수준이다. 2년 전에 학부모님들과 토요일에 한 번씩 기타를 연습해서 학예발표회 무대에 섰었다. 그리고 그 뒤로 전혀 손을 대지 않았다. 어떤 계기가 특별하게 주어지지 않으면 기타는 그대로 멈춰 버릴 것 같다. 지금까지 함께해 준 아내가 고맙기도 하고 미안하기도 하다. 아내를 위한 세레나데를 처가 식구들을 모셔 놓고 연주해 들려주고 싶다.

아내는 배포가 크고 당차다. 미리 계획해서 꼼꼼하게 일처리를 한다. 정리정돈도 깔끔하게 한다. 그에 반해 나는 닥쳐서 하는 스타일이다. 아내에 비해 빈틈이 많다. 나를 만나서 아내의 삶의 반경이 위축되지 않았는가 싶다. 똑같이 교사 일을 하면서도 가족에게 헌신적으로 임해 주는 아내다. 그런 아내에게 특별한 이벤트를 해 주고 싶다. 감사와 사랑을 표현하는 노래로 말이다.

요즈음에는 유튜브를 필두로 1인 TV가 대세다. 〈단희TV〉의 유튜버는 성공하려면 하지 말아야 할 세 가지를 말했다. 그중에서 가장 와 닿는 부분은 마지막 세 번째였다. "여러분, 내가 정한 스스로의 한계 때문에 무궁무진한 나의 능력에 한계를 짓지 마세요."

유일한 존재, 넘버원이 아니라 온리 원, 세상에 하나뿐인 존재 자체가 나에게는 특별한 것이다. 가끔씩 난 학생들에게 말하곤 했다.

"여러분 안에 있는 잠재력은 측정할 수 없이 무한합니다. 잠자고 있는 잠재력을 깨우세요. 할 수 있다는 신호를 계속 보내 주세요. 중간에 넘어질 수도 있습니다. 그럴 경우 다시 일어나면 됩니다. 못한다는 말로 각자가 갖고 있는 무한한 능력을 사장시킨다면 얼마나 안타까운 일입니까?"

아이들의 잠재능력을 끌어내려 했던 나의 가능성을 두드리고 싶어진다. 최근 고등학생들 중에 유튜버라는 꿈을 가진 아이들이 있다. 자신의 경험이나 깨달음을 동영상으로 만들어 올려 많은 사람들의 공감을 불러일으키고 수익까지 창출하는 유튜버들이 참 많다. 나도 그런 유튜버가 되고 싶다는 생각이 든다.

책을 읽거나 동영상을 보는 것은 소비적인 행동패턴이다. 하지만 동영상을 제작하거나 책을 출판해 많은 사람들과 의미를 공유하고 나누는 것은 매우 생산적인 활동이다. 유튜브 콘텐츠를 무엇으로 할지는 아직 정하지 못했다. 하지만 독서 나눔, 자녀교육, 신앙생활, 일상의 나눔 등을 생각해 보려 한다.

죽기 전에 50명을 천국으로 인도하는 전도의 삶을 살고 싶다. 세상의 빛이 되고자 하는 세빛교회를 2년 전에 자발적으로 찾아갔다. 그리고 성가대에서 찬양대원으로 활동하고 있다. 주일 10시에 찬

양 연습을 하고 11시에 예배를 드린다. 그러곤 점심을 먹고 1시 30분부터 3시까지 다음 주 찬양 곡을 연습한다. 찬양대 카톡방에 녹음된 찬양 곡이 올라오면 다운받아 한 주간 열심히 따라 부른다. 그런 후 주일 예배 속에서 하나님을 찬양으로 높여 드린다. 이런 일련의 과정은 행복감을 느끼게 해 준다.

언젠가 두 달 이상을 예배에 참여하지 않고 방황했던 적이 있었다. 무기력하고 허무함이 밀려왔었다. 성경의 〈마태복음〉에 "누구든지 사람 앞에서 나를 시인하면 나도 하늘에 계신 내 아버지 앞에서 그를 시인할 것이요, 누구든지 사람 앞에서 나를 부인하면 나도 하늘에 계신 내 아버지 앞에서 그를 부인하리라."라는 말씀이 있다.

책을 쓰는 작가가 되려고 하는 것도 나만을 위한 일이라면 생각하지 않았을 것이다. 그것은 많은 사람들에게 선한 영향력을 끼칠 수 있는 파급효과가 있는 데다 하나님께 영광 돌리는 은혜로운 삶을 통해 예수님을 알리고자 함이었다. 나는 날마다 성경을 세 장 이상 읽고 있지만 기도는 잘 하지 못했다.

우리가 날마다 살아 숨 쉬는 호흡의 감사를 잊고 사는 것처럼 나는 천국을 모르고 예수님을 모르는 사람들을 천국으로 인도하는 아름다운 전도지기의 삶을 살고 싶다.

천국으로 인도하는 전도의 삶, 유튜버의 삶, 아내를 위한 기타 연주 10곡의 작은 공연, 5권 이상의 책을 발간하는 것 모두가 쉽지는 않은 길이다. 그렇게 끝을 보면 멀게 느껴진다. 하지만 첫 시작의 꼭지를 놓지 않고 따라가다 보면 언젠가 도착할 수 있는 길이 되리라 생각한다. 나의 능력은 보잘것없지만 영원하신 창조주인 하나님과 함께라면 못할 것이 없으리라.

〈마가복음〉에서 예수님이 하신 말씀을 마지막으로 소개하고 글을 마치고자 한다.

> "내가 진실로 너희에게 이르노니 누구든지 이 산더러 들리어 바다에 던져지라 하며 그 말하는 것이 이루어질 줄 믿고 마음에 의심하지 아니하면 그대로 되리라. 그러므로 내가 너희에게 말하노니 무엇이든지 기도하고 구하는 것은 받은 줄로 믿으라. 그리하면 너희에게 그대로 되리라."

가족 앞에서
쇼팽 곡 연주하기

초등학교 교사, 스토리텔링 그림책 지도사
초등학교에서 아이들과 함께 세상을 배워 나가는 교사다. 더 넓은 세계에 대한 안목을 갖추기 위해 서울교육대학교에서 국제사회문화교육전공 석사 학위를 취득했으며, 제자들에게 '세상을 더 나아지게 하는 사람이 되라'고 가르친다. 또한 스스로도 그런 삶을 살고자, 영감을 주는 글을 쓰기 위해 꾸준히 노력하고 있다.

나에게는 피아노가 한 대 있다. 갈색 나무무늬가 아름답게 살아 있어서 봐도 봐도 질리지 않는 피아노다. 이 피아노를 산 지 18년이 지났다. 그런데도 지금도 예쁘다는 생각이 들고 볼 때마다 한 번씩 만져 보고 싶은 이유는 뭘까? 이 피아노에 대해 여전히 궁금하고 여전히 갈망한다는 의미가 아닐까.

그것은 어쩌면 이 피아노의 진가가 아직도 발휘되지 못했다는 생각 때문일지도 모른다. 나는 늘 내 피아노가 얼마나 아름다운 소리를 만들어 낼 수 있는지 궁금했다. 지금까지 단 한 번도 내 실력으로 이 피아노의 가장 아름다운 소리를 만들어 낸 적이 없기 때문이다.

나는 초등학교 저학년 때 피아노 학원을 잠깐 다녔다. 그런데 집안 사정이 그다지 넉넉지 않아 원하는 만큼 배울 수 없었다. 내가 피아노를 워낙 배우고 싶어 하기도 했다. 친구들도 피아노를 많이 배웠다. 그래서 부모님은 '남들 하는 기본만큼만' 배우라고 학원에 보내 주셨다.

학원에 채 1년을 다니지 않았을 즈음 학원에서 연주회를 한다고 했다. 선생님이 꽤 긴 악보를 주셨다. 처음 보는 연주회용 악보가 어려워 보이고 신기했다. 선생님이 시범으로 악보를 쳐 주셨다. 그런데 이 복잡하고 이상한 검은 선과 점 그림이 이렇게 아름다운 음악이 된다는 게 참 놀라웠다. 그 악보를 매일 조금씩 쪼개 연습했던 기간이 피아노 학원을 다니며 가장 즐거웠던 시간이었다.

하지만 나는 연주회에서 그 곡을 칠 수 없었다. 연주회가 2주도 남지 않았을 때 학원을 그만두었기 때문이다. 아빠는 내게 "기본은 할 만큼 배웠다."라고 하시며 그만두기를 권하셨다. 나도 우리 집 사정이 피아노 학원비를 매달 끝도 없이 대 줄 수 없다는 건 알고 있었다. 어린 나이에도 '기본은 한다'라는 위로를 안고 현실을 받아들였다.

그랬던 아빠가 몇 년 뒤 피아노를 사 주셨다. 중학교에 가니 자신 있는 악기로 한 곡 연주하는 게 음악 수행평가였다. 내가 자라는 동안 우리 집 사정도 조금씩 나아져서 엄마는 이참에 나에게 피아노를 사 주자고 아빠를 설득하셨다. 부모님은 그때 당시 가장 좋은 피아노를 사 주셨다. 그때 알았다. '가난하게 자랐고, 평생 가난을 이기며 살아야 했던 우리 아빠. 그런 아빠도 음악이 좋고 음악을 즐기는 삶이 행복하다는 생각은 하셨구나. 단지 몇 년 전에는 그 즐거움을 유지시켜 줄 만한 여유가 우리 집에 없었던 것뿐이구나…' 하는 것을.

수행평가를 위해 음악학원을 한 달 반 반짝 다녀 〈엘리제를 위하여〉를 배웠다. 다시 배우는 피아노가 재미있었다. 집에 가면 거실에서 나를 맞아 주는 피아노가 좋았다. 그래서 그때는 학교만 마치면 한두 시간은 피아노를 쳤다. 음악시간에 선생님이 나눠 주신 악보들도 코드를 보면서 집에서 쳐 봤다. 그때 노래가 참 좋다는 생각을 했다. 당시 특히 좋아했던 노래가 1971년에 발표된 양희은의 〈아름다운 것들〉이었다.

> 꽃잎 끝에 달려 있는 작은 이슬방울들
> 빗줄기 이들을 찾아와서 음 어디로 데려갈까
> 바람아 너는 알고 있나 비야 네가 알고 있나
> 무엇이 이 숲속에서 음 이들을 데려갈까

속으로 이 가사를 되뇌며 피아노를 쳤다. 그러면 '꽃잎, 이슬, 빗줄기, 바람'이라는 단어가 촉촉이 내 가슴에 스며드는 것 같았다.

우리말로 된 가사가 이렇게 애틋하고 서정적인지 나는 오히려 피아노를 연주하며 절절히 느끼고 배웠다. 피아노는 그렇게 나의 경험을 다른 차원으로 승화시켜 주었다. 하지만 고등학교에 올라가 학원을 다니고 공부하는 시간이 많아지면서 내 피아노는 점점 외로워졌다. 피아노를 자주 치지 않으니 가끔 쳐 봐도 잘 쳐지지 않았다.

그래도 나는 여전히 피아노곡을 참 좋아한다. 결혼할 때도 피아노를 신혼집으로 '데려'왔다. 아기를 임신했을 때 나는 피아노로 클레멘티의 〈Sonatine〉를, 남편은 클래식 기타로 〈Cavatina〉를 연주했다. 아기를 위해 남편과 악기를 연습해서 음악을 들려준다는 사실 자체가 행복했다. 그랬던 아기가 지금은 27개월. 아이와 둘이 나란히 앉아 피아노로 동요를 치며 노래를 부르는 게 일상의 즐거움 중 하나다. 또한 매일 라디오로 클래식을 들으며 피아노 선율에 흠뻑 빠진다. 피아노는 이렇게 나에게 소중한 사람들과 나누고 싶은 인생의 초콜릿 같은 존재다.

특히 들을 때마다 가슴이 아리고 여운이 남는 음악이 있다. 피아노의 시인이라고 불리는 쇼팽의 곡들이다. 피아노를 칠 때 페달을 적절히 밟으면 마치 한국화의 여백처럼 피아노 소리가 남기고 간 흔적이 공간을 채운다. 쇼팽의 음악은 그 여운과 피아노 건반의 선율이 마치 시를 읊어 주는 것 같다. 〈왈츠 7번 Waltz Op.64 No.2〉 같은 곡은 서정시이고 〈혁명〉 같은 곡은 격정적인 서사시다.

영화 〈피아니스트〉에서 숨어 있던 유대인 피아니스트를 발견하고도 독일 장교는 그를 죽이지 못한다. 예술 앞에 생과 사가 교차되고 박해의 잔혹함도 잠들 수 있음을 느끼게 하는 장면이다. 이 장면에서 피아니스트가 친 곡이 바로 쇼팽의 〈야상곡〉이었다. 김민철 작가의 책《모든 요일의 기록》에는 자존감이 낮아 '나는 존재감 없는 검은 건반 같은 존재'라고 생각하는 딸이 나온다. 그 딸에게 피아노 선생님이었던 엄마가 쇼팽의 〈흑건〉을 추천해 주는 이야기가 나온다. '검은 건반만으로도 흰 건반으로 연주되는 곡들 못지않은 멋진 음악을 만들 수 있다'라는 가르침이 인상 깊었다. 비 오는 날, 신호 대기 중인 차 안에서 차창에 흐르는 빗줄기에 일그러진 네온사인 빛을 바라보고 있었다. 그때 "잠시만 기다려 봐." 하고 남편이 들려준 곡은 쇼팽의 〈빗방울 전주곡〉이었다. 이처럼 내가 만났던 영화나 책, 삶의 감동적인 장면들에는 쇼팽이 있었다.

쇼팽을 들을 때 '이렇게 아름다운 곡을 피아노로 직접 칠 수 있다면 얼마나 좋을까' 하고 늘 생각한다. 쇼팽의 곡으로만 치러지는 쇼팽국제피아노콩쿠르는 세계 최고의 콩쿠르로 인정받고 있다. 그럴 만큼 쇼팽의 곡들은 피아노곡 중에서도 최고 수준이다. 피아노가 나에게 '예술을 음미할 여유', '사랑하는 사람과 나누고 싶은 행복'이라면, 쇼팽은 나에게 내 피아노와 함께 만들고 싶은 최고의 음악이다. 나와 피아노가 함께할 우리 생의 최고의 순간이랄까.

지금 실력으로 쇼팽을 치려고 하면 얼마나 연습해야 할까? 흔히들 최고가 되기 위해 노력해야 할 시간으로 말콤 글레드웰이 《아웃라이어》에서 말한 '1만 시간의 법칙'을 이야기한다. 1만 시간이면 매주 20시간씩 10년이란다. 그 정도는 아니더라도 5,000시간은 쏟아야 하지 않을까? 일주일에 10시간씩 10년. 하루 두 시간씩 10년은 넘게 쳐야 되겠구나. 한 시간씩 치면 20년이다. '애도 키워야 하고 할 일도 많은데…' 하다 보면 '아, 젊음에 감사하다!' 하고 웃게 된다. 조금 더 나이 들어서 시작해도 어떤가? 인생은 길고, 나에겐 18년째 잠들지 않는 피아노에 대한 사랑이 있는데. 나는 언제부터인가 웃으며 쇼팽을 치고 있는, 할머니가 된 내 얼굴과 내 손을 상상한다.

죽기 전에 하고 싶은 일이라면 업(業)과 관련해 어떤 뚜렷한 부와 명성을 얻어 성공하는 걸 꼽을 수도 있겠다. 하지만 '먹고살기'와 다른 차원인 음악을 즐기고, 좋아하는 악기를 자신이 원하는 수준으로 원하는 시간에, 원하는 공간에서 연주할 수 있는 것이야말로 진정한 행복이 아닐까? 나에게 시간적 자유와 경제적 자유가 있다는 뜻이기 때문이다.

남편과 아이에게 쇼팽을 연주해 줄 그날을 그려 본다.

아이와
세계여행 하기

상담 교사

학생들의 소리에 귀 기울이고, 심리적 고통을 함께하며 행복과 꿈을 키워 가는 상담 교사다. 삶의 고비를 용기와 희망과 지혜로 이겨 내어 미래를 개척하는 데 힘이 되는 책을 쓰고자 한다.

어릴 때 내 방에는 지구본이 있었다. 아버지가 주신 선물이었다. 그 이후 나라 밖 세계에 대한 갖가지 상상을 해 보곤 했다. 하지만 상상력의 빈약함으로 나라 밖 풍경을 꿈꾸는 데 늘 한계를 느꼈다. 그러다가 내 방 지구본은 그저 자리만 차지하는 큰 의미 없는 장식품이 되었다. 나는 다른 나라 여행은 꿈도 꾸지 않게 되었다.

다시 다른 나라를 동경하게 된 것은 대학교에 입학해서다. 몇몇 부유한 친구들이 미국에 다녀온 얘기, 유럽에 다녀온 얘기를 하는데 멋진 그림이 끝없이 그려졌다. 자유롭고 풍요로운 문화와 풍경들이 가슴을 설레게 했다. 그러나 설렘은 짧게 끝났다. 그런 여행은 내 몫이 아니라고 생각하면서 스스로 설렘을 접었다.

다시 시간이 바쁜 일상들에 묻혀 빠르게 흘러갔다. 한번은 미국 유학을 꿈꾸기도 했다. 무엇인가 새로운 환경 속에서 앞서가는 공부를 해 보고 싶었기 때문이다. 그러나 언어도 정보도 부족했다. 무엇보다 경제적인 부담이 컸다. 그래서 그 마음도 접었다. 그러곤 국내 대학원에 지원했고, 합격 소식을 들었다.

그즈음 부모님께서 여행 계를 통해 친구 내외분들과 뉴질랜드 여행을 떠나게 되었다. 그런데 단체여행이었기 때문인지 한 자리 여유가 생겼다. 아버지께서 나에게 같이 여행을 가겠는지 물어 오셨다. 난 조금의 망설임도 없이 부모님과 부모님 친구분들의 여행에 따라가겠다고 했다. 그렇게 나는 첫 해외여행을 하게 되었다.

해외에 간다는 것이 그렇게 새롭게 감각을 깨워 주는 일인 줄은 몰랐다. 수많은 일상의 경험들은 쉽게 잊힌다. 그런데 그 여행은 불쑥 솟아 있는 평지의 산처럼 기억의 지평에서 쉽게 떠올려진다. 패키지여행이어서, 그리고 부모님과의 여행이어서 여행 중의 불편함이나 긴장할 것은 전혀 없었다. 일주일 내내 멋진 풍경과 맛있는 음식과 친절한 사람들과 새로운 경험으로 채워진 패키지여행이었다. 즐겁고 재미있었다.

그렇게 돌아왔더라면 재미있었던 하나의 추억으로 흘러갔을 것이다. 그런데 일주일의 여행 끝에 우릴 안내해 주던 가이드 언니에게서 흥미로운 제안을 받게 되었다. 뉴질랜드는 북섬과 남섬으로 이루어져 있다. 그런데 부모님들의 여행은 북섬만 도는 여행이었다. 가이드 언니는 부모님이야 어쩔 수 없다. 하지만 너는 시간이 있다면 남섬까지 보고 가는 것이 좋을 것 같다. 그런 제안이었다. 본인이 며칠 뒤에 남섬으로 가이드하러 간다. 그때 같이 가 주겠노라고 하면서. 그전까지 자기 집에서 머물러도 좋다고까지 했다.

부모님은 잠깐 고민하시고 내 의향을 물어보셨다. 나는 약간 불안했지만 멀리서 왔는데 그냥 돌아가면 너무 아쉽다는 가이드 언니의 말에 더 머물러 보기로 했다. 그렇게 해서 진짜 여행이 시작되었다. 가이드 언니 집에서 크리스마스 파티를 하고, 뉴질랜드 가라오케에 놀러 갔다. 그리고 남섬으로 가려고 기다리고 있었는데 가이드 언니의 일정이 갑자기 바뀌었다. 남섬으로 가지 않게 되었다는 것이다. 언니는 불안해할 것 없다. 혼자서 얼마든지 여행할 수 있다. 그렇게 안심시켜 주면서 나를 남섬으로 혼자 보냈다.

북섬에서 남섬으로 가는 작은 비행기 안에서 나는 '까짓것 죽기야 하겠어?' 하며 불안한 마음을 다독였다. 하지만 남섬 '퀸스다운 공항'에 도착했을 때 예약한 모텔까지 가는 버스를 놓치는 상황이 벌어지자 무척 당황스러웠다. 시간은 늦었고 해도 저물었다. 나는 마지막 버스일 것 같아 보이는 버스를 향해 뛰었다. 그리고 버스 운전사 아저씨께 더듬거리는 영어로 사정을 말했다. 아저씨는 넉넉해 보이는 미소를 짓더니 타라고 했다. 그러곤 내가 가야 하는 모

텔 앞까지 태워 주셨다. 승객이 나 하나뿐이어서 그렇게 해 주셨는
지도 모르겠다.

낯선 길을 걸으면 모든 것이 새롭다. 아침 해도 새롭고 사람들도
새롭다. 새들의 지저귐도 새롭고 호숫가 물결도 새롭다. 카페 음료
도 새롭고 밴드 음악도 새롭다. 여행을 떠나지 않았다면, 내가 여행
객이 아니라면 그냥 지나칠 많은 것들이 나에게 새롭게 다가왔다.
새로움은 감각을 새롭게 일깨웠고, 마음앨범에 깊이 새겨졌다.

낯선 길이었기 때문에 사람들에게 다가가서 물어야 했다. 확신
이 들지 않는 길도 일단 가 봐야 했다. 여행경비도 여행시간도 넉넉
하지 않았다. 때문에 정말 원하는 경험들을 선택해야 했다. 그때 나
는 해 보지 않았던 경험들을 일부러 더 즐겨서 찾아 했다. 그리고
이렇게 온 마음을 다해 순간순간을 산다면 '삶이라는 여행'이 얼마
나 풍요러워질지 생각해 보게 되었다.

뉴질랜드 여행이 인연이 되었는지, 결혼 후 1년간 뉴질랜드에서
살았었다. 여행할 때와 살 때의 느낌은 달랐다. 여행이 순간순간을
누리는 기분이라면, 사는 것은 시간뭉치를 엮어서 극복해 가는 기
분이었다. 두 번 다 경제적으로 여유는 없었다. 그래도 마음에 새겨
진 빛깔이 확연히 달랐다. 여행할 때와 살 때 느끼고 배우는 것이
달랐다는 말이다.

뉴질랜드에서 1년 살고 한국에 돌아왔을 때 '역시 고국의 산하

가 최고야' 싶었다. 그리고 시간이 한참 흘렀다. 이제는 '고국의 산하가 최고야'라고 했었던 기억만 남아 있다. "나가 보면 우리나라가 제일 좋아"라는 말은 나가 본 사람들만 할 수 있는 이야기다.

나는 아이가 어릴 때부터 같이 해외여행을 가고 싶었다. 그렇지만 여유와 상황이 되지 못했다. 죽을 때까지 가 보고 싶은 곳은 참 많다. 어디를 가든 그곳의 사람들과 풍경과 역사와 문화를 만나면서 제일 많이 만나게 되는 것은 '나' 아닐까? 떠나고 싶다. '느낌'이 '기억'으로 화석화되기 전에. '느낌'이 '느낌'으로 생생하게 이어질 수 있도록.

그 여행을 아이와 떠나고 싶다. 여행을 통해 성장하는 아이의 모습을 지켜보고 싶다. 어느 때는 혼자여서 좋을 것이고, 어느 때는 아이와 함께여서 좋을 것이다. 아이도 혼자 혹은 또래들과 여행해서 좋을 때가 있고, 나와 여행해서 좋을 때가 있지 않을까. 서로 보고 느낀 것을, 권하고 싶은 것들을 이야기하는 여행 동무가 된다면 얼마나 즐거울까.

보디프로필
찍기

대학생, 자기계발 작가, 동기부여가
도시 행정을 전공하고 있는 대학생이다. 어린 시절부터 좋은 것이 있으면 공유하고 싶은 마음을 가지고 있었다. 현재 자기 자신이
좋다고 느끼는 것을 다른 사람에게 권하는 동기부여가로 활동하고 있다.

우리 형제는 1남 3녀다. 누나 2명과 여동생 사이에 끼어 있는
남자가 바로 나다. 나는 중학교 때까지 누나들의 옷을 몰래 입고
외출했었다. 고등학생 때부터 그러지 못했던 이유는 내 몸이 크거
나 그래서가 아니었다. 작은누나한테는 미안한 얘기지만 사실 작은
누나보다 내가 좀 더 말랐었던 것 같다. 옷을 못 입었던 이유는 누
나들이 원피스나 치마를 입기 시작했기 때문이다. 그때부터는 누나
들의 옷장을 열어 보지도 않았다.

나는 고등학교 시절 85~90사이즈의 티셔츠를 입을 정도로 많
이 왜소했다. 어깨도 좁았다. 그때부터 운동을 했어야 했는데, 운동

하는 법을 몰랐고 많이 힘들다는 것을 알기 때문에 그러지 못했다.

주변에서는 나에 대한 평가가 쏟아져 나왔다. 설날이나 추석 때만 되면 작은아빠가 어깨를 쭉 펴고 남자답게 다니라고 그러셨다. 나는 작은아빠 앞이라서 일부러 힘주어 어깨를 펴고 있었다. 그런데도 그런 말을 들으니 어깨에 힘이 풀렸다. 그래도 작은아빠는 1년에 두어 번 만날 뿐이지만 문제는 작은누나였다. 작은누나는 나에게 많이 먹으면 살도 찌고 덩치도 커진다는 잔소리를 많이 했다.

하지만 그 시절 나는 주변의 그 누구보다도 잘 먹었다고 자부할 수 있다. 그렇게 살찌우기 프로젝트가 시작되었다. 누나는 계란프라이 하나를 하더라도 기름에 버터범벅을 해서 주었다. 당시 나는 버터 냄새가 너무 싫었다. 나를 살찌우려다 작은누나가 계속 살이 쪄 갔다. 하지만 나는 그대로였다.

스무 살이 되어 대학교에 들어갔다. 축제 때 정장을 입고 오라는 선배들의 지시 아닌 지시가 있었다. 정장이 없는 사람들에게는 스무 살인 만큼 이참에 정장을 맞추라고 반강제적으로 말했다. 나는 세미정장을 맞춰 입고 넥타이까지 하고 나갔다. 그렇게 나름 갖춰 입고 사진을 찍었다. 그런데 지금 보면 흑역사다. 너무 '어좁이(어깨가 좁은 사람)'여서 정장이 어울리지 않는다. 마치 아빠 옷을 입고 온 듯하다. 그때부터 나는 운동의 필요성을 절실하게 느끼게 되었다. 이 시절의 프로필은 키 176센티미터에 몸무게 58~59킬로그램

정도 되었었다.

군대 훈련소에 갔을 때다. 팔굽혀펴기를 하라고 하는데 3개인 가 했다. 하지만 더 이상은 팔이 후들거려서 할 수 없었다. 그 이후 에 자대에 가서는 많이 먹고 하루에 1시간씩 운동했다. 나는 밥도 많이 먹었지만 그 외에 라면도 많이 좋아했다. 보통 컵라면 기준으로 3~5개를 먹었었다. 최고 기록으로는 7개까지 먹었었다. 그 당시 중대에서 내가 제일 많이 먹었던 것으로 기억한다.

군 생활 중, 나는 많이 먹고 운동하면서 나름 벌크업을 이어 갔다. 그렇게 1년 동안 운동한 후에 2분 안에 팔굽혀펴기 100개 이상과 윗몸일으키기 90개 이상을 했다. 1년 전에는 상상만 하던 일이 현실에서 일어난 것이다. 그렇게 특급전사를 받게 되었다. 그 선물로는 꿀맛 같은 휴가가 주어졌다.

군대에 처음 입대할 때 나중에 몸이 더 커질 것을 소망했다. 그래서 군복을 오버핏으로 신청했었다. 그 군복이 이제 어느 정도 맞아 들어갈 때 나는 전역하게 되었다. 이때 나는 티셔츠 사이즈가 95가 되었고 몸무게는 70킬로그램이 되었다. 전역하고 집에서 이전과 같이 많이 먹었지만 운동을 잘 안 해서인지 살이 조금씩 빠지기 시작했다. 누군가에게는, 아니 좀 많은 사람들에게는 재수 없는 소리겠지만 그때 나는 살이 빠지는 게 스트레스였다.

가끔 SNS에서 말랐다가 덩치나 근육을 키워서 사진을 찍는 과정을 보게 되었다. 또는 통통한 사람들이 살을 빼고 운동해서 보디프로필을 찍는 과정을 보게 되었다. 나도 이제 갓 멸치를 졸업한 일반인이었다. 그랬던 터라 동질감이 느껴졌다. 또한 보디프로필을 보면서 부러웠다. 나는 보디프로필을 찍기까지 많은 노력이 필요하다는 것을 알고 있었다. 하지만 나는 보디프로필을 찍을 때의 쾌감을 상상해 보았다. 그러곤 언젠가는 나도 저런 보디프로필을 찍고 싶다는 생각을 머릿속 저 구석 공간에 저장해 두었다.

20대 초반에는 하고 싶은 것이 많았다. 하지만 무언가에 많이 도전하려고 하지 않았다. 그것을 어떻게 이루어 나가야 할지도 몰랐고 실패가 두려웠기 때문이다. 그러다가 성공하는 법에 대한 강의를 듣게 되었다. 그러고 나서 어떤 목표까지 차근차근 과정을 밟다 보면 그 목표에 다다른다는 것을 알게 되었다.

처음에는 작은 목표를 세워 나갔다. 고소공포증이 있던 내가 놀이기구도 타고 번지점프까지 하게 되었다. 나는 대학교 1학년 때 1점도 되지 못하는 학점을 받을 만큼 공부와는 거리가 멀었다. 그랬던 내가 4.3점 이상의 학점도 받아 보고 학과 수석이라는 영광을 안기도 했다. 사람들에게 말을 잘 못 걸던 내가 용기를 내어 일주일 동안 혼자 제주도 여행을 가기도 했다. 그러곤 도착한 날과 집으로 가는 날을 제외하고는 동행자를 만들어 여행했다. 이때 인생 선배들을 만났다.

그들로부터 나는 "저기 20대 젊은이가 스포츠카를 운전하면 사람들은 '와~ 저 사람은 금수저인가?'라고 생각하거나 '시끄럽다'

등등 좋은 생각은 하지 않는다. 그런데 저 사람들도 저렇게 되기까지 어떤 노력을 하고 행동했을 것이다. 그래서 현재의 모습을 이루었을 텐데 사람들은 그것을 무시한다. 우리는 노력을 통해 성공을 이룬 사람들도 인정해 주고 그 사람들의 생각을 배워야 된다."라는 이야기를 들었다. 나는 그들로부터 많은 것을 배우게 되었다.

〈한책협〉의 김태광 대표 코치님의 강의 중에서 "부자가 되고 싶으면 부자들과 어울리고 그 사고를 배워야 한다."라는 말이 더욱 와 닿았던 이유가 바로 이것이다. 여기서 더 나아가면 '내가 좋은 사람이 되고 싶으면 좋은 사람들과 어울리라는 말도 맞다'라고 생각하게 된다. 나는 지금의 내 주변 사람들이 있었기 때문에 내가 보다 좋은 사람이 되었다고 생각한다.

대학교를 휴학한 후 거의 1년을 일하게 되었다. 그때 새벽 5시 반에 일어나서 출근하고 일찍 끝나면 5~6시에, 늦으면 밤 11시에 퇴근하던 때가 있었다. 그때에도 나는 운동을 하루에 1시간씩 했다. 책을 읽는 데도 관심이 생겼다. 그렇게 늦게까지 책을 읽다가 자거나 남들보다 조금 일찍 일어나서 책을 읽는, 나름 행복한 나날들을 보내 왔다. 이것을 기점으로 나는 책을 좋아하게 되었다. 이제 몸은 티셔츠 95사이즈가 작았다. 100사이즈를 입어야 했다.

그동안 단기간으로 운동하거나 포기했다. 그렇게 반복하다가 이번 기회에 마음먹고 다시 운동을 시작했다. 현재 내 프로필은 키

178센티미터에 몸무게 82킬로그램이다. 티셔츠 사이즈는 105를 입게 되었다. 요새 주변에서는 나에게 살이 많이 쪘다고 얘기한다. 그 얘기를 들으니 한때 내가 부러워했던 사람들의 고충을 이해하게 되었다. 사람들에게는 벌크업 중이라는 변명을 하고 있다.

현재 나는 보디프로필을 찍기 위해서 집에서 홈 트레이닝을 하고 있다. 그리고 어느 정도 윤곽이 잡히면 전문가에게 도움을 요청할 것이다. 좋은 사람이 되려면 그런 사람들과 어울려야 한다. 그렇듯이 나는 건강하고 몸이 좋아져 주변에 운동을 권장하는 사람이 되고 싶다. 보디프로필을 찍는 버킷리스트를 1차 목표로 두고 실행할 것이다. 앞으로 좋은 사람이자 부자가 되어 주변에 선한 영향을 주고 싶다.

드림 헬퍼
1인자 되기

싱어송라이터, 보컬 트레이너, CEO, SNS 마케팅 전문가, 자기계발 작가, 동기부여가

20대 CEO이자 보컬 트레이너로, 상위권 대학교와 엔터테인먼트 등에 다수의 합격생을 배출시켰다. 현재 자작곡 〈엄마〉, 〈My Darling〉, 〈일기(Diary)〉를 발매하며 싱어송라이터로 활발히 활동 중이다. SNS 마케팅 전문가 1급 자격증을 취득했으며 이를 통해 자기계발 작가이자 동기부여가로서 꿈 없는 이들의 가슴을 뛰게 하는 일을 하고자 한다.

꿈꾸는 스물다섯 살. 나는 아직도 꿈을 꾼다. 이렇게 꿈을 꾸기 시작한 건 열일곱 살 때부터였을 거다. 음악 중점 고등학교로 진학해 처음 받았던 보컬 레슨. 그때 나를 지도해 주셨던 김채원 선생님. 이분이 아니었음 지금의 나도 없을 거다.

예나 지금이나 내 기준은 이 분야에서 제일 멋진 여자다. 선생님께서는 수업이 끝나 갈 무렵에 "질문 있어?"라고 늘 말씀하셨다. 이 질문은 수업을 마치겠다는 사인이었다. 보통 학생들 같은 경우에는 수업에 관련한 질문을 했을 것이다. 하지만 나는 아니었다. "선생님. 얼마 벌어요?", "선생님은 제 나이 때 무슨 노래 불렀어요?", "선생님은 몇 살 때부터 일했어요?", "어떻게 하면 보컬 트레이너가 될 수 있어요?" 나는 이런 질문들을 늘어놓았다.

　선생님은 '얘, 뭐야?' 싶었을 것이다. 하지만 아무렇지도 않게 내 질문에 답해 주셨다. 나는 잊어버리지 않기 위해 수업이 끝나자마자 연습실로 달려가 기억나는 대로 선생님 답변을 적었다. 그리고 항상 다짐했다. '나도 이렇게 살아야지.' 물론 선생님의 노력과 재능까지 100% 이행하지는 못했다. 하지만 선생님께서 이맘때쯤 이 노래를 불렀다고 하면, 나도 그맘때쯤 그 노래를 불렀다. 선생님이 이때부터 일했고, 월급은 얼마였다고 말했으면 나도 그때부터 일자리를 구했다. 선생님께서 받았던 그 월급을 받기 위해 수단과 방법을 가리지 않았다. 그렇게 나는 그냥 무작정 선생님을 따라 했다. 따라 하면 나도 그렇게 될 줄 알았다. 그런데 실제로 내 생각이 맞았다.

　대학 졸업 후, 그 힘들다던 취업 걱정도 없었다. 돈 걱정도 없었다. 내 친구들, 대학 동기들보다 순탄한 길을 걸어왔다. 그런 내 모습을 보고 평소 친하지 않았던 친구들, 언니, 오빠, 동생들에게서 연락이 왔다. 그들은 나에게 도움을 요청했다. 그러면 나는 모두가 꿈을 찾아 앞으로 나아갈 수 있게 올바른 방향을 제시해 주었다. 그래서 내가 얻게 된 별명이 '박내비'다.

　도와주면 알아듣고 행동하는 사람은 10명 중 1명이다. 잘되면 원래부터 자신은 잘했다는 사람, 오히려 뒤에서 욕하는 사람, 이용해 먹는 사람 등 천차만별이었다. 감사인사 받으려고 한 일은 아니었지만, 나도 사람인지라…. 그럴 때마다 앞으로 그 누구도 도와주지 말아야지 다짐하고 또 다짐한다.

하지만 나는 거절을 못하는 데다 다 퍼 주는 성격의 소유자다. 그래도 10명 중 1명 덕분에 '드림 헬퍼 1인자'라는 꿈을 꾸게 되었다. "네 덕분이야", "고마워."라는 말을 들을 때 나는 가장 행복하다.

나는 앞으로도 행복할 거다. 그리고 그러기 위해서는 내비게이션처럼 많은 사람들에게 방향을 제시해 주어야 한다. 그들을 도와주어야 한다.

사실 드림 헬퍼의 꿈을 갖게 해 주신 또 한 분이 계신다. 바로 김선일 교수님. 교수님께서는 나의 전공지도 교수님은 아니셨다. 하지만 항상 많이 챙겨 주시고, 예뻐해 주셨다. 대학 때는 노래 빼고 다 자신 있었던 나다. 다른 건 다 잘하는데 노래 앞에서 작아지는 나를 보고 교수님은 그 누구보다 안타까워하셨다. 동기들, 선후배들이 인정해 주지 않을 때도 늘 아낌없는 격려를 보내 주신 분이시다. 내 재능을 알아봐 주셨던 유일한 분이시다.

"지수야, 자신감 갖고 해. 넌 뭘 해도 잘할 거야." 이런 말에 '그래. 니들이 인정 안 하면 어쩔 거야? 교수님이 날 이렇게 생각해 주시는데'라는 생각으로 마이웨이 대학 시절을 보냈다. 공강일 때면 교수님 레슨실로 들어가 괜히 인사를 드리고, 질문을 했다. 그냥 요즘 나의 고민 등 시시콜콜 떠들었다. 교수님과 커피 한 잔 하며 캠퍼스를 돌고, 인생 경험담을 들었다. 나는 교수님이 해 주시는 말씀들을 머릿속에 계속 저장시켰다.

그중 가장 기억에 남는 것은, "지수야, 넌 꿈이 뭐니? 그 꿈을 이루기 위해 무슨 노력을 하고 있니?"라는 질문이었다. 그 질문에 나는 "보컬 트레이너요. 아니 그냥 음악으로 성공하고 싶어요."라고 대답했다. 사실은 아무 생각도 나지 않았다. 음악하는 사람들의 흔한 희망사항을 똑같이 늘어놓기 바빴다.

그때 교수님께서는 이런 말씀을 하셨다. "보컬 트레이너? 음악? 성공? 근데 그게 다야? 지수는 다양한 직업을 많이 만들었으면 좋겠는데…. 지수야, 교수님은 아직도 꿈이 있다. 내가 이런 이야기를 하면 사람들이 그 나이 먹고도 꿈이 있냐고 웃더라. 너도 웃기니?" 그 말씀에 나도 웃으면서 답했다. "엥? 아직도 꿈이 있다고요? 교수도 되셨고, 음악활동도 하시고, 다 이루셨잖아요."

지금 생각해 보니 난 참 바보 같다. 교수님께서는 누구에게나 공평하게 주어진 24시간 중 꿈을 꾸고 또 꿈을 펼쳐 나가는 것이 진정한 행복이라고 말씀하셨다. 성공보다도 행복을 우선시하셨다. 그 말씀의 뜻을 알고 나니, '아! 성공이 먼저가 아니구나. 내가 행복해야 성공한 거구나!'라는 깨달음을 얻었다.

그리고 다양한 직업을 만들라고 하셨을 때는 살짝 막막했다. 하지만 사람들이 생각하는 나, 필요로 하는 나, 내가 잘하는 것, 하고 싶은 것을 적어 보니 참 간단했다. 결국 이게 다 내 직업이 될 수 있는 거였다. 지금도 또 하나의 직업을 갖게 되지 않았나? 글 쓰는 작가. 오늘부로 나는 작가로 데뷔했다.

지금은 다들 먹고살기 힘들다며 투잡이 필수인 시대라고 한다. 하지만 나는 그들과 다르다. 나는 투잡이 아니라, 투애니잡을 향해 달려갈 거다. 내가 배우고 느꼈던 대로 제자들에게 알려 주니, 나보고 멋있단다.

만약 꿈꾸는 삶을 살지 않았다면 나는 과연 어떤 모습을 하고 있을까? 상상조차 하기 싫다. 두 분 말고도 평소에 도움을 주셨던 많은 분들이 있다. 한 분 한 분 적지는 못했지만 당신들께서 나에게 꿈을 심어 주었듯 받은 만큼 베푸는 그런 사람이 되고 싶다. 생을 마감하는 그날까지 꿈꾸는 나, 올바른 방향을 제시하며 꿈꿀 수 있게 도와주는 드림 헬퍼 1인자가 되는 것. 박내비 박지수가 되는 것이 내가 죽기 전에 꼭 하고 싶은 것이다.

자족(自足)의 삶을
자각(自覺)시켜 주는 강연가 되기

목조주택 시공목수
연세대학교를 졸업하고 동양시멘트 및 벤처기업과 외국계 금융회사에서 근무하다 건강 악화로 산중 요양을 하게 되었다. 현재 삶의 역경에 상처받은 마음을 치유하고 다시 일어서는 데 도움이 되는 작가와 동기부여가를 꿈꾸며 목조주택 시공목수로 활동하고 있다.

> **"사랑하라, 한번도 상처받지 않은 것처럼."**

시인 류시화는 이렇게 말했다.

누구나 한 번쯤은 이성과 사랑에 빠지게 된다. 물론 아직 그런 경험을 해 보지 못한 사람들도 있을 것이다. 때론 치료하기 어려웠던 사람들이 사랑의 힘으로 치유되는 이야기들도 많이 있다. 이렇듯 사랑은 몇 가지로 구분될 수 있다고 한다. 하지만 그것은 필요에 의해서 구분된 것이라고 생각한다. 왜냐하면 그렇게 구분된 각 사랑의 의미들을 깊이 고찰하면 결국에는 하나라는 것을 발견할 수 있기 때문이다.

〈메디슨 카운티의 다리〉라는 영화가 있다. 이 영화를 보신 분도 있을 것이다. 보지는 못했지만 기억하시는 분도 있을 것이다. 어쩜 이 영화에 대해서 전혀 모르는 분들도 있을 것이다.

중년의 사진작가(클린트 이스트우드 분)는 잡지에 실을 다리 사진을 촬영하기 위해 메디슨 카운티로 향한다. 그곳에서 남편과 자녀들을 잠시 멀리 떠나보내고 혼자 지내고 있는 한 여성(메릴 스트립 분)을 만난다. 그러곤 평생 잊지 못할 사랑을 하게 된다는 이야기다. 어찌 보면 단순한 불륜 이야기다. 그 영화를 볼 당시 나도 그렇게 생각했다.

그런데 전 세계의 많은 사람들이 이 영화에 감동한 걸 보면 내가 미처 느끼지 못했던 그 무언가 있을 것이다. 그 여성이 임종을 앞두고 자녀들에게 유언을 남긴다. 그 유언에 따라 자녀들은 메디슨 카운티의 시골집을 찾는다. 그리고 자녀들은 어머니가 남긴 일기장을 읽는다. 그러면서 처음에는 불쾌한 감정을 느낀다. 하지만 계속 읽어 나가면서 감동의 눈물을 흘리고 만다. 어머니에게 그토록 뜨거운 사랑의 감정이 있었다는 데 감동한 것이다.

어느 날 나는 한 여자를 만나 사랑에 빠지게 되었다. 내 모든 걸 다 주어도 아깝지 않다는 말이 어떤 느낌인지 알게 되었다. 그리고 결혼하고서 딸 하나 아들 하나를 두었다. 당시에는 200점짜리 아빠라고들 했다.

그렇게 만난 지는 6년, 결혼한 지는 5년 만에 그녀는 아주 먼 곳으로 떠났다. 살아서 다시는 만날 수 없는 곳으로 떠났다. 연락을 받고 달려갔을 때는 이미 혼수상태였다. 그런 그녀의 눈에서 흘러내린 한 줄기 눈물은 평생 지워지지 않는 자국으로 내 마음에 아로새겨졌다.

돌이켜 보면 그 후로 마음의 문을 닫고 살았던 것 같다. 닫힌 건 이성에 대한 사랑만이 아니었다. 말 그대로 마음의 문을 꼭꼭 닫아 버린 것이다. 한 방울의 물기조차 찾아볼 수 없는, 황량하게 메마른 사막 그 자체였다.

단지 메마르기만 한 게 아니었다. 무딘 칼에 베였을 때와 같은 아픔을 움켜쥐고 아이들을 생각해서라도 열심히 살아 보고자 했다. 그래서 당시 한창 붐이었던 벤처계로 뛰어들었다. 지인의 권유도 있었지만 아내와의 기억들이 묻어 있는 곳을 벗어나고 싶은 마음도 있었다. 몸부림이었다. 메마른 가슴에서는 더 이상 열정의 꽃이 피지 않았다. 일이 잘 풀릴 리가 만무했다.

엎친 데 덮친 격으로 나는 우울증에 빠지고 말았다. 상처는 덧나지 않게 바로 치료해야 한다. 그런데 덮어 두고 방치했던 것이 화근이었다. 몸도 쇠약해져만 갔다. 악순환의 늪에 빠지고 만 것이다. 건강한 육신에 건강한 정신이라는 말의 의미를 이제는 뼈저리게 느끼고 있다.

나는 요양차 산으로 들어갔다. 그리고 어언 6년이 흘렀다. 그러다 다시 사회로 나오니 일거리가 마땅치 않았다.

젊었을 때의 나는 두 가지 꿈이 있었다. 하나는 산속에 집을 짓고 살면서 글을 쓰는 것이다. 그리고 다른 하나는 세계여행을 하면서 글을 쓰는 것이다. 구체적이고 뚜렷하진 않았지만 누가 물어보면 그렇게 대답했었다. 그래서 집 짓는 법을 배우고자 노가다월드에 진입했다. 지금은 목조주택을 짓는 목수로 살아가고 있다.

반백년을 살아오면서 해 놓은 것이 하나도 없어 보이지만, 나는 귀한 것을 얻었다. 이제는 서서히 그것을 풀어낼 때가 다가온 것 같다.

지금까지의 이야기에서 핵심은 바로 사랑이다. 누군가를 가슴 깊이 사랑한 적이 있었던 사람은 그 순간을 떠올려 보라. 세상이 그렇게 아름다울 수가 없다. 저 하늘의 별도 따다 줄 수 있을 것 같은 기분이다. 행여 일에 실수가 있어 상사에게 야단을 들어도 기분이 나쁘지 않다. 마치 성자가 된 느낌이다. 때론 시인이 되기도 하고 강인한 철인이 되기도 한다. 어디서 왔는지는 몰라도 강렬한 에너지가 샘솟는다. 어떤 일도 다 해낼 수 있을 것 같은 기분이다.

이런 기분이 지속된다면 일의 능률은 놀라우리만치 향상될 것이다. 이른바 성공이라는 것도 이루어 낼 수 있을 것이다. 그러나 문제는 그런 상태가 그리 오래가지 않는다는 것이다. 비록 똑같지는 않더라도 일의 생산성을 올리고 더 나은 삶을 살게 하는 데 사랑이 어떠한 역할을 하는지, 어떻게 작용하는지를 과학적 근거를 기반으로 구체적으로 밝혀내고 싶다. 그리고 그런 사랑을 토대로 한 마음가짐과 태도가 어떻게 성공을 이끌어 내는지, 어떻게 그것을 형성시키고 지속시켜 나가는지 그 방법을 정립해 널리 알리고 싶다.

나는 사람들에게 비록 큰 부자가 되지는 못해도 좌절 속에서 우울해하거나 방황하지 않는 방법을 깨닫게 해 주고 싶다. 현재보다는 더 나은 삶을 살 수 있게 해 주고 싶다. 행복하게 살아가는 법을 알려 주고 싶다. 혹여 좌절의 늪에 갇혔다고 하더라도 하루빨리 빠져나올 수 있는 방법을 전파하고 싶다. 그렇게 해서 얻은 부를 나와 가족들만을 위해 쓰지 않고 베풀면서 살고 싶다. 많은 사람들과 함께 행복을 누릴 수 있는 삶을 공유하고 싶다.

〈메디슨 카운티의 다리〉의 두 주인공은 생을 마감하는 순간까지 그리움에 젖어 안타까운 마음으로만 살아가진 않았을 것이다. 물론 그럴 가능성도 있다. 하지만 그들의 삶은 서로를 만나기 전과는 확실히 달랐을 것이다. 그전보다는 더 풍요로운 삶이었을 것이라고 확신한다.

나는 내 경험을 통해 사랑이 없는 삶이 어떻게 변해 갈 수 있는지 보여 주고 싶다. 인공지능이 MBA 스쿨을 수석으로 졸업하는 날이 올지는 몰라도 세계 최고의 CEO가 되는 것은 어려울 것이다. 사람의 마음을 움직이게 하는 것에는 사랑만 한 것이 없기 때문이다.

고객의 마음을 움직이게 하려면 열정만으로는 부족하다. 가슴 따뜻한 사랑이 열정 속에 녹아들어 있어야 한다. 먼저 나를 비롯한 내 주변 사람들을 사랑할 수 있어야 한다.

나는 한 번 더 사랑하는 사람을 만나고 싶다. 가슴 떨리는, 가슴 저미는, 가슴 시리는 애절한 사랑의 감정을 다시 느껴 보고 싶다. 또 다른 누군가를 만나 사랑하고 싶다.

시인 서정윤은 말했다.

> **"태어나면서 이미 누군가 정해졌었다면 이제는 그를 만나고 싶다."**

그 누군가가 꼭 한 사람이어야만 하는가. 나 같은 사람에게는 둘이 되어도 괜찮지 않을까.

죽기 전에 꼭 하고 싶은 것들 3

초판 1쇄 인쇄 2019년 4월 22일
초판 1쇄 발행 2019년 4월 24일

지 은 이 **이미진 외 54인 지음**
펴 낸 이 **권동희**
펴 낸 곳 **위닝북스**
기   획 **김도사**
책임편집 **박고운**
디 자 인 **김하늘**
교정교열 **우정민**
마 케 팅 **강동혁**

출판등록 **제312-2012-000040호**
주   소 **경기도 성남시 분당구 수내동 16-5 오너스타워 407호**
전   화 **070-4024-7286**
이 메 일 **no1_winningbooks@naver.com**
홈페이지 **www.wbooks.co.kr**

위닝북스는 독자 여러분의 책에 관한 아이디어와 원고 투고를 설레는
마음으로 기다리고 있습니다. 책으로 엮기를 원하는 아이디어가 있으신 분은
이메일 no1_winningbooks@naver.com으로 간단한 개요와 취지, 연락처
등을 보내주세요. 망설이지 말고 문을 두드리세요. 꿈이 이루어집니다.

※ 책값은 뒤표지에 있습니다.
※ 잘못 만들어진 책은 구입하신 서점에서 교환해 드립니다.